이순신길을 걷는 아이들

천천히읽는책_50

이순신길을 걷는 아이들

글·사진 김목

펴낸날 2022년 1월 3일 초판1쇄
펴낸이 김남호 | 펴낸곳 현북스
출판등록일 2010년 11월 11일 | 제313-2010-333호
주소 07207 서울시 영등포구 양평로 157 투웨니퍼스트밸리 801호
전화 02)3141-7277 | 팩스 02)3141-7278
홈페이지 http://www.hyunbooks.co.kr | 인스타그램 hyunbooks
ISBN 979-11-5741-285-3 73910

편집 전은남 박사례 | 디자인 박세정 구유미 | 마케팅 송유근 함지숙
ⓒ 김목 2022

이 책은 저작권법에 의하여 보호를 받는 저작물이므로 무단 전재 및 복제를 금지하며,
이 책 내용의 전부 또는 일부를 이용하려면 반드시 저작권자와 현북스의 허락을 받아야 합니다.

⚠주의 종이에 베이거나 긁히지 않도록 조심하세요. 책 모서리가 날카로우니 던지거나 떨어뜨리지 마세요.

이순신길을 걷는 아이들

글·사진 김목

충무공 이순신
조선 수군재건길 한눈에 보기

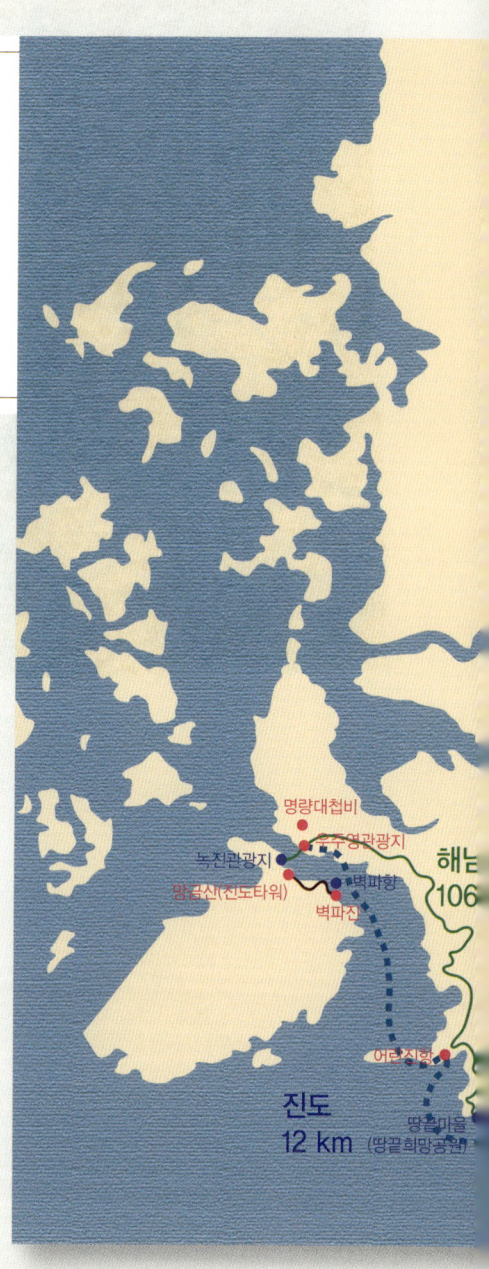

── 수군재건길(육로)
┅┅ 수군재건길(해로)

조선 수군재건길
1957년 8월 3일 이순신 장군이 삼도수군통제사로 다시 임명된 후 구례, 곡성, 순천, 보성, 장흥, 진도, 해남을 따라가며 병사를 모으고 군량을 조달하던 길이다.

머리글

충무공 이순신 조선 수군재건길에서

　1592년 임진왜란은 왜를 통일한 도요토미 히데요시가 조선을 정복하고 명나라까지 진출하려는 야욕으로 일으킨 전쟁이었습니다. 1597년 정유재란은 조선의 남쪽을 정복하고 성을 쌓아 다스리려는 야욕으로 일으킨 전쟁이었습니다. 이 두 왜란은 우리 역사에서 가장 큰 위기였고, 우리 백성을 도탄에 빠뜨렸습니다. 이때 우리를 구하신 분이 바로 이순신 장군입니다.

　이순신 장군을 부르는 이름은 장군, 대감, 사또, 성웅, 민족의 태양 등 많습니다. 하지만 장군의 인품이나 업적을 알 수 있는 호칭은 '이야'입니다. '이순신 아버지'라는 말입니다. 혈연이 가장 앞서는 사회에서 '아버지'라 불린, 참으로 훌륭한 분이라 할 수 있습니다.

　또 이순신 장군의 인품과 업적을 가장 잘 알 수 있는 곳은 조선 수군재건길입니다. '남도 이순신길'이라고도 부르는 이 길은 수군통제사로 재임명된 이순신 장군이 수군, 무기, 군량, 함선을 모으면서 이동한 구례 석주관에서 해남 울돌목까지 5백 km에 이르는 길로, 전라남도는 2015년부터 8개 코스를 도보 80km, 자전거 40km, 자동차 380km로 정비하였습니다.

　1코스는 구례 석주관에서 출발하는 '수군재건입성길', 2코스는 곡성의 석곡 능파정까지의 '애민길', 3코스는 순천 낙안읍성까지의 '물자 충원길', 4코스는 보성 군영구미까지의 '군량 확보길', 5코스는 장흥 정남진까지의 '함선 출항길', 6코스는 강진 가우도까지의 '해상 승전길', 7코스는 진도대교까지의 '명량으로 가는 길', 8코스는 벽파진항까지의 '명량대첩길'입니다.

　이 길은 걷는 목적에 따라 선택하여 걸을 수 있으며, 길 이름도 정해진 게 아니어서 자신의 느낌에 따라 달리 부를 수 있습니다. 이순신 장군과 만나 이야기 나누면서, 다양한 생각을 얻을 수 있는 길입니다. 그렇게 어린이나 어른이나 모두 이순신 장군과 함께 걸으며, 삶의 희망과 용기, 힘을 얻었으면 합니다.

글쓴이　김 목

차례

머리글 • 6

1. 이순신을 품은 고을 _ 해남 우수영 • 10

2. 수군 재건을 계획하다 _ 구례 석주관 • 19

3. 조선군과 왜군의 전쟁 상황을 살피다 _ 구례 명협정 • 28

4. 수군 재건의 힘찬 걸음을 내딛다 _ 곡성 • 36

5. 스스로 찾아오는 의병 수군을 만나다 _ 옥과 • 45

6. 병사와 장수들을 만나다 _ 석곡 능파정 • 54

7. 전투할 무기와 화약을 얻다 _ 순천 • 63

8. 백성들을 위로하다 _ 낙안읍성 이순신나무 • 73

9. 군량미를 넉넉히 얻다 _ 보성 조양창, 득량 • 83

10. 아직 12척의 배가 있습니다 _ 보성 열선루 • 92

11. 다시 바다로 나가다 _ 보성 회천 • 101

12. 수군 재건을 마무리하다 _ 장흥 회령진성 • 111

13. 명량해전을 준비하다 _ 해남 어란진, 진도 벽파진 • 119

14. 조선을 지킨 명량대첩 _ 해남 울돌목 • 130

15. 백성들의 어버이가 된 이순신 _ 해남 우수영 • 139

1. 이순신을 품은 고을
- 해남 우수영

여름 방학을 한 다음 날입니다. 세민이와 윤민이는 곧장 전라남도 해남 문내면의 할아버지 댁에 왔습니다. 저녁 무렵에 수박을 먹는데, 할아버지가 두 손주에게 물었습니다.

"어때? 할아버지와 함께 이순신 장군의 수군재건길을 걷지 않을래?"

"수군재건길이요?"

"그래."

"야! 신난다. 좋아요."

진도 쪽에서 바라본 우수영항과 우수영 마을

그렇잖아도 밖에 나가고 싶었던 윤민이는 무조건 좋다고 수박 든 손을 춤추듯 흔들었습니다.

"세민이는?"

"좋아요. 여기 올 때마다 울돌목에 가 봤잖아요. 그때마다 이순신 장군 생각을 했어요."

"할아버지, 가요!"

윤민이는 금세라도 문을 열듯이 벌떡 일어납니다.

"잠깐! 아무리 쇠뿔도 단김에 빼랬다고 하지만……."

할아버지가 책 두 권을 꺼냈습니다. 한 권은 왜가 침략한 1592년부터 1598년까지 이순신 장군이 쓴 《난중일기》입니다. 또 한 권은 《신채호가 쓴 이순신 이야기》입니다.

"먼저 이 책부터 읽자. '아는 만큼 보인다'고 했다. 걸으면서 큰 도움이 될 거다."

"어서 읽어야지. 할아버지, 약속 꼭 지키세요."

윤민이가 급하게 책을 펼쳐 듭니다.

세민이가 여쭙니다.

"할아버지, 어디에서 어디까지 걷지요?"

"육지는 구례에서 보성 회천까지고, 바다는 회천에서 이곳 우수영까지다."

"히히, 뭐라고요? 바다도 걸어요?"

책을 읽던 윤민이가 웃자, 세민이가 핀잔을 줍니다.

"바다를 걷는다니? 배에서 걷는 거겠지."

"히히히, 그래도 난 배에서 걷는 거보다, 바다를 걷는 쪽에 더 흥미가 있는데."

"바다를 걷는다? 하하하, 그래, 까짓것 이번에 바다도 한 번 걸어 보자."

세민이는 그렇지 않아도 할아버지 댁에 올 때마다 이순신 장군이 걸었던 길을 걷고 싶었습니다. 이번에 그 기회가 왔다고 생각했습니다. 책만 읽으면 되니, 어렵지도 않은 약속입니다.

윤민이는 걷기보다는 그냥 놀고 싶은 마음이 굴뚝같지만, 놀고 싶은 마음을 꾹 누르고 책을 펼쳐 앞서 읽던 곳을 이어 읽습니다. 혼자 남아 집을 지킬 순 없는 일이거든요.

그런데 눈에 잘 들어오지 않습니다. 할아버지 댁에는 에어컨이 없습니다. 선풍기는 있지만, 한낮에는 더운 바람이 됩니다. 금세 읽을 줄 알았던 책을 이틀째 읽고 있습니다.

오늘도 장마에 이어진 무더위가 땅을 달구고, 불어오는 바람도 뜨겁습니다.

"누나, 덥지?"

"그래. 숨이 막히는 것 같아……."

"우리 쪼끔만 놀다 오자."

"안 돼. 할아버지와 약속했잖아."

그때, 밖에 나갔던 할아버지가 들어왔습니다.

"열심히 읽는구나."

세민이가 읽던 책을 번쩍 들어 흔들어 보입니다.

"이제 거의 다 읽어 가요. 약속 꼭 지키세요!"

윤민이도 읽고 있던 책을 할아버지 눈앞에까지 들고 가서 흔듭니다.

"저도요."

대답 대신 고개를 끄덕이는 할아버지 얼굴에 흐뭇한 웃음이 가득합니다.

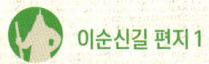 이순신길 편지 1

사랑하는 아이들아!

내가 걸었던 수군재건길을 걷는 너희를 보니 참으로 말할 수 없이 기쁘구나.

1592년 임진왜란, 1597년 정유재란 등 조선 7년 전쟁 때다. 너희가 이순신 장군이라고 부르는 나는 왜가 우리나라에 쳐들어오기 1년 전부터 전쟁 준비를 했다. 너희가 잘 아는 거북선을 짓고, 수군을 훈련시키고, 여러 가지 총과 포 등 무기를 정비했다. 그리고 직접 밭을 일구어 군량미를 비축했다. 그 어떤 적이 쳐들어와도 막아 낼 용기와 힘이 넘쳤다.

마침내 1592년 20만이 넘는 왜군의 침략으로 온 나라가 쑥대밭이 됐을 때, 나는 왜가 가려는 바닷길을 막아 더는 날뛰지 못하게 했다. 하지만 왜는 1597년 14만 5천여 명의 병력을 이끌고 다시 쳐들어왔다. 지금부터 그때의 이야길 들려주겠다.

먼저 명량대첩 이야기부터 하마. 명량은 전라우수영이 있는 해남과 진도 사이의 울돌목을 가리킨다. 이곳 전라우수영은 조선 말엽까지 조선의 4대 수영지였다. 지금은 대부분 허물어졌지만, 돌담과 흙담으로 쌓은 우수영성과 사대문이 있었다.

 1597년 9월 16일 나는 이곳 우수영에서 우리 조선 수군과 함께 세계 해전사에서 유래를 찾을 수 없을 만큼 큰 승리를 거두었다. 만약 그때 우리가 왜적을 막지 못했다면, 수백 척의 왜선은 서해를 따라 올라가 곧장 한양으로 쳐들어갔을 거고, 육지의 왜병과 힘을 합쳐 한양을 점령했다면, 아마 조선이라는 나라는 역사에서 사라졌을 거다.

 그때의 승리를 기리는 대첩비와 충무사가 지금은 터만 남은 우수영 현청 옆에 있다. 그 대첩비는 지금까지 여러 번 나라에 위기가 있을 때마다 피 같은 붉은 눈물을 흘렸다. 그럴 때면 각 마을 어른들이 하얀 옷감으로 정성껏 피눈물을 닦고 제를 올리더구나. 왜 명량대첩의 승리를 기리는 비가 피눈물을 흘리는지는 이 글을 읽어 가면서 보기 바란다.

 이곳 우수영에는 바다와 가까운 성의 남문 쪽에는 물이 철철 넘치는 방죽샘이 있어 수군들이 마시기에 부족함이 없었고, 북문 쪽에는 야트막한 망해산이 있어 그곳에 망해정을 세워 왜적의 침입을 감시할 수 있었다. 그리고 바다 이쪽에서 저쪽까지 쇠

명량해전도

줄을 걸어 왜선을 침몰시키기도 했다.

　명량대첩을 앞두고 나의 뜻대로 마을 부녀자들이 남자 옷을 입고 강강술래를 했던 산은 옥매산이다. 이 산에서 빛깔 고운 옥석이 나는데, 일제 강점기에 왜인들이 산을 무참히 파헤쳐 버렸더구나. 또 명량대첩이 끝난 뒤, 조선 수군과 왜병의 주검을 거두어 묻은 무덤도 있으니, 그것도 역사의 기록이다.

　1597년 2월 25일이다. 나는 임금의 명령을 어겼단 죄로 파직되어 3월 4일 한양의 옥에 갇혔다가 27일 만인 4월 1일에 세상으로 다시 나왔다. 그때 권율 도원수의 진영으로 백의종군에 나섰던 한양에서 경상도 합천까지 걸었던 길이 백의종군길이다.

　또 1597년 8월 3일 진주 수곡에서 다시 삼도수군통제사가 되었으나 군량과 무기, 함선과 군사 등 아무것도 없었다. 하지만 나는 수군을 재건하여 43일 만인 9월 16일, 마침내 명량대첩에서 승리를 거두었다. 그때 전라도 구례에서 우수영까지 걸었던 길이 '수군재건길'이다.

　자, 그럼 지금부터 그 수군재건길을 나와 함께 걸어 보자꾸나.

2. 수군 재건을 계획하다
- 구례 석주관

 마침내 《난중일기》와 《신채호가 쓴 이순신 이야기》를 다 읽은 세민이와 윤민이는 할아버지 약속대로 이순신 장군의 수군재건길을 걷기 위해 길을 나섰습니다.
 전라우수영이 있었던 해남 문내면을 출발하여 이순신 장군의 수군재건길이 시작되는 첫 고을 구례 계척 마을에 왔습니다.
 계척 마을에는 천여 년 전 중국 산둥에서 온 할머니 산수유나무가 있습니다. 봄이면 이 나무의 후손이 피우는 노란

구례 계척 마을 산수유

산수유꽃이 계척 마을뿐 아니라 구례 산동을 온통 뒤덮습니다. 세민이, 윤민이, 할아버지는 산수유나무들의 시조 할머니 나무 그늘에 앉았습니다.

"할아버지! 이순신 장군도 이 산수유나무를 보셨겠지요?"

"아무렴. 이 산수유나무 나이가 천 살도 더 되니까 당연히 보셨겠지."

"아! 참 좋다. 이순신 장군이 보신 산수유나무에서 수군재건길 걷기를 시작하니까."

천여 년을 살아온 산수유나무가 있는 계척 마을에는 이순신 장군의 백의종군과 수군 재건을 알려 주는 안내판이 있습니다. 안내판을 자세히 보니 백의종군길과 수군재건길이 겹치는 곳이 있었습니다.

"할아버지! 길을 왔다 갔다 하지 않으려면, 석주관성을 먼저 들르는 게 좋겠어요."

"그게 좋겠다. 1597년 8월 3일 저녁 무렵 이순신 장군이 지나셨다는 석주관을 먼저 가자."

세민이, 윤민이, 할아버지는 산수유 마을인 계척에서 곧바로 석주관으로 갔습니다.

"할아버지! 진주 수곡에서 삼도수군통제사가 되신 장군께서 왜 바삐 구례로 오셨을까요?"

"마음이 급하셨다. 무너져 버린 수군을 재건해야 하는데, 왜적이 등 뒤에 있었으니 말이다."

그때 윤민이가 크게 소리치며 달려갔습니다.

"할아버지! 여기요. 석주관 표지판이요."

이윽고 석주관에 이르러 세 사람은 성으로 올라갔습니다. 석주관에는 성이 있고, 성안에는 칠의사를 모신 사당인 칠의

구례 석주관성

사가 있습니다. 또 석주관성을 마주 보는 산비탈에는 칠의사를 모신 무덤이 있습니다.

"할아버지! 8월 3일 《난중일기》에 '석주관에 이르니, 이원춘과 유해가 복병하여 지키다가 나를 보고 적을 토벌할 일을 많이 말했다.'라고 쓰여 있어요. 이원춘과 유해는 누구였어요?"

"이원춘은 구례 현감이었고, 유해는 군관이었다. 하지만 그날 이후로 이원춘 현감을 다시 만날 수 없었단다."

석주관 칠의사 사적단

"왜요? 아! 돌아가셨군요."

"그런데 궁금해요. 칠의사에는 왜 일곱 분이 아니라 여덟 분을 모셨어요?"

"맞아요. 건너편 무덤도 일곱이 아니라 여덟이잖아요?"

"그건 말이다. 칠의사에는 원래 이곳에서 왜적과 싸우다 순절한 왕득인과 그의 아들 왕의성, 이정익, 한호성, 양응록, 고정철, 오종을 모셨었는데 나중에 남원성전투에서 순절한 이원춘 구례 현감을 함께 모셨기 때문이다. 저 앞의 무덤도 그래서 여덟이란다. 이제 궁금증이 풀리느냐?"

"예!"

"지나간 역사지만 잊어서는 안 된다. 그분들이 흘린 피로 오늘의 우리가 있는 거니까."

8월의 뜨거운 햇살이 내려앉을 뿐, 석주관성을 둘러싼 숲은 고요합니다. 내려다보는 섬진강 물도 말이 없습니다.

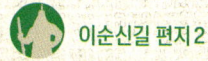 이순신길 편지 2

사랑하는 아이들아!

내가 바다를 지키던 1592년에는 왜가 발도 못 붙였던 전라도였다. 하지만 백의종군을 하던 1597년에 왜는 원균의 조선 수군을 전멸시키고, 한 달여 만에 남원과 전주를 무너뜨렸다. 그리고 좌군은 남쪽인 전라도로 내려오고, 우군은 북쪽인 충청도로 올라갔다.

1597년 8월 5일, 왜의 좌군 선봉대 7천여 명이 탄 왜선이 사천을 나와 하동에 상륙했고, 뒤따라오는 왜선이 3km에 이르는 바다를 덮어 마치 물이 없는 듯했다. 이날 내가 하동을 거쳐 구례로 온 이틀 뒤다. 조금만 늦었으면 아무런 준비도 없이 왜군 선봉대와 마주칠 뻔했던, 참으로 아슬아슬한 순간이었다.

이제부터 그 아슬아슬한 시기에 수군 재건을 해 나간 이야길 해 주마.

나는 아무런 직위와 직책도 없는 백의종군이던 7월 18일에 칠천량해전의 피해 상황을 살펴보려고 송대립 군관 등 15명의 수

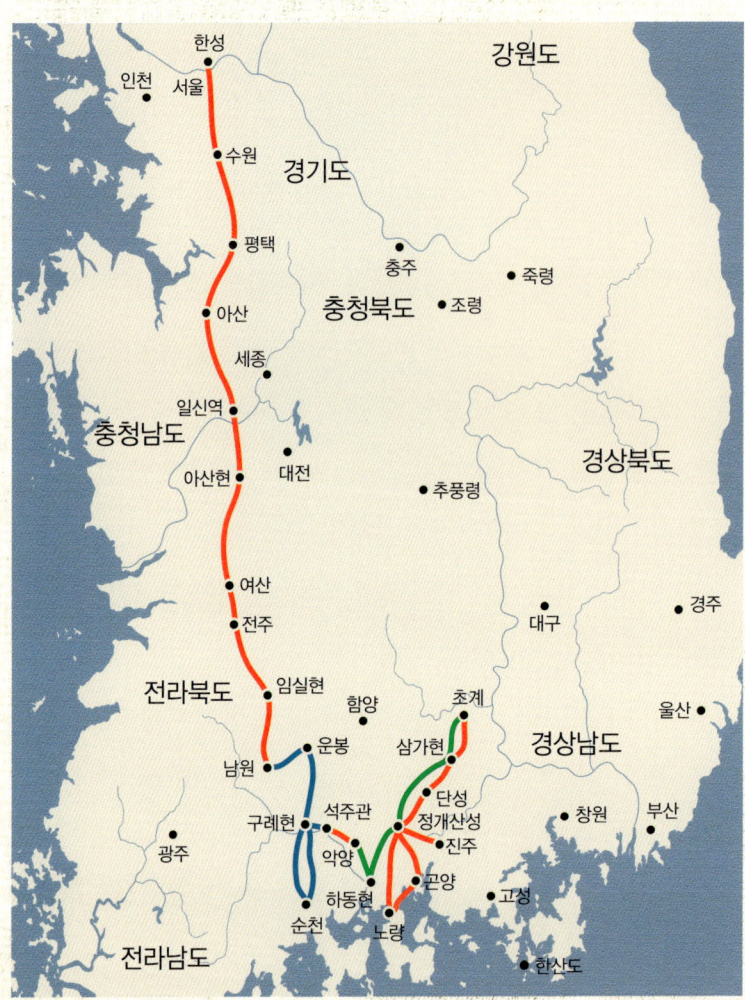

충무공 이순신 백의종군길 이순신 장군이 도원수 권율 휘하에서 백의종군하라는 처분을 받고 한성의 의금부 옥문을 나와 경상도 초계에 있는 도원수부에 도착하는 길이다. 1597년 4월 1일 옥문을 나선 뒤 삼도수군통제사 교지를 받기 전날인 8월 2일까지 120일이 걸렸고, 걸어간 전체 거리는 640km에 달한다

군과 함께 남해안으로 갔다. 이들 군관과 수군은 내가 백의종군하는 중인데도 나를 통제사처럼 받든, 참으로 고마운 옛 부하들이다.

8월 3일, 진주 수곡에서 나는 다시 삼도수군통제사 임명장을 받았다. 이제 경상, 전라, 충청도의 수군과 함대를 거느리고 당당히 싸울 수 있게 된 것이다. 이때 나는 어디서부터 수군을 재건해야 할까 생각하다가 수군 모집, 군량미 확보 등 여러 여건이 좋은 구례를 선택하고 저녁 무렵 석주관에 도착했다.

섬진강을 버려다보는 석주관은 전라도와 경상남도를 이어 주는 유일한 섬진강 길에 있다. 경사진 산허리를 따라 쌓은 석주관성이 있고, 길은 말 한 마리가 겨우 지나갈 만한 좁은 샛길이라, 적은 병력으로 대규모의 적을 막을 수 있는 천혜의 군사 방어지였다.

충무공 이순신 백의종군 일정
한성 의금부 출발(4월 3일) - 수원(4월 3일) - 평택(4월 4일) - 아산(4월 5일~18일) - 일신역(4월 19일) - 이산현(4월 20일) - 여산(4월 21일) - 전주(4월 22일) - 임실현(4월 23일) - 남원(4월 24일) - 운봉(4월 25일) - 구례현(4월 26일) - 순천(4월 27일~5월 13일) - 구례현(5월 14일~25일) - 석주관(5월 26일~27일) - 하동현(5월 28일) - 단성(6월 1일) - 삼가현(6월 2일~3일) - 합천 초계(6월 4일~7월 17일) - 삼가현(7월 18일) - 단성(7월 19일) - 정개산성(7월 20일) - 노량(7월 21일) - 곤양(7월 22일) - 정개산성(7월 23일~26일) - 진주(7월 27일~8월 3일. 삼도수군통제사 교지 받음)

3. 조선군과 왜군의 전쟁 상황을 살피다
- 구례 명협정

"할아버지! 구례읍에 다 왔어요."

"이제부터 본격적인 수군재건길을 걷겠구나."

"예, 할아버지, 천릿길도 한 걸음부터라고 했어요."

"야, 윤민, 제법인데……. 시작이 반이라는 말도 알겠지?"

"하하하, 수군재건길을 걷더니 말투도 의젓해지는구나."

세 사람은 지리산이 품어 주는 구례읍으로 들어섰습니다. 흘러가는 섬진강의 맑은 물과 은빛 모래밭, 울울창창한 푸른 숲을 보니 마음이 시원해집니다.

구례 손인필 비각

"맨 먼저 이순신 장군이 묵었던 손인필 집부터 가요."

"그러자꾸나. 그런데 장군이 묵었던 집은 이제 없고, 그 옛터에 손인필 비각을 세워 놓았단다."

어느덧 세 사람은 손인필 집터에 도착했습니다.

집이 있던 자리에 세워진 손인필 비각이 세 사람을 맞아 줍니다. 비석에는 "증 군자감정 밀양손공 인필지비(贈 軍資監 正 密陽孫公 仁弼之碑)"라 쓰여 있습니다.

한자를 배운 세민이는 더듬더듬 읽어 보는데, 윤민이는 머리를 긁적이며 할아버지를 쳐다봅니다.

"할아버지, 비석에 새겨진 한자가 무슨 뜻이에요?"

할아버지가 웃으며 뜻을 풀이해 줍니다.

"군량과 군수품을 담당하는 정삼품의 군자감 밀양 손씨, 인필을 기리는 비석이다."

"군량과 군수품이요?"

"군량은 병사들이 먹는 곡식이고, 군수품은 총이나 칼, 창, 활 같은 무기와 화약이다. 전쟁은 병사들이 하지만 이런 보급품도 중요하다. 무기와 식량이 없으면 아무리 강한 군사도 싸울 수가 없기 때문이다."

"아! 알았다. 그러니까 이순신 장군께서 이곳 구례로 처음 오신 것은 손인필 장수에게 군량과 군수품을 마련할 책임을 맡기기 위함이었다. 그렇지요, 할아버지?"

"암! 싸우려면 수군과 각종 군수품, 함선이 필요했다. 그런데 수군 재건에 나섰을 때는 아무것도 없었기에 군량과 군수품 모집 책임자로 손인필을 생각하고 오신 거였다. 그리고 잠 못 이루며 수군 재건을 걱정하자, 손인필은 아들과 함께 구례 의병을 모아 전쟁터로 가겠다고 장군을 위로하였다."

구례 이순신 바위

"할아버지! 함선은 거북선을 말하는 거지요?"

"아니다. 물론 이순신 장군이 만든 거북선도 있었지만, 조선 수군의 함선은 왜선인 세키부네에 비해 크고 튼튼한 전투선인 판옥선이 대부분이었단다."

"할아버지! 《난중일기》에 구례에서 묵으실 때 손인필이 올감을 가져왔다는 이야기가 나오는데 올감이 뭐예요?"

"아, 올감? 일찍 따는 감으로, 단감을 일컫는 것이다. 지리산과 섬진강이 품어 주는 구례 단감은 옛날부터 맛이 참 좋단다."

윤민이가 침을 꿀꺽 삼킵니다.

"아! 먹고 싶다!"

세민이가 핀잔을 줍니다.

"네가 먹고 싶지 않은 게 있냐?"

"하하하! 9월 말쯤이면 나올 거다. 보내 줄 테니 실컷 먹으렴."

"할아버지! 이제 훌륭하신 손인필 군자감께 참배해요."

"그러자."

세 사람은 옷깃을 여미고 손인필 비각 앞에서 머리를 숙였습니다. 비각 옆에는 열 명도 더 앉을 수 있는 널따란 너럭바위도 있었습니다. 이순신 장군이 손인필 집에 머물 때, 여러 사람과 왜를 물리칠 이야기를 나누던 바위입니다.

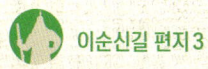 이순신길 편지 3

사랑하는 아이들아!

오늘은 내가 구례에 머물렀던 이야길 해 주마.

명협정은 체찰사 이원익, 구례 현감 이원춘 등과 조선군과 왜군의 상황을 살피고 비교했던 곳이다. 그 밖에도 나를 찾아온 수많은 구례 백성들을 위로하고 격려해 주던 곳이다.

체찰사 이원익은 영의정을 여섯 번이나 지낸, 왜란 7년 동안 뛰어난 활약을 했던 분이다. 또 누구보다 앞장서서 나를 믿고 옹호해 주었다. 나 역시도 "상국 이원익이 오로지 나의 계책을 써 주어 오늘의 수군이 완전할 수 있었다."라고 감사의 말을 했었다.

7월 18일, 이덕필, 변홍달 군관에게 칠천량해전에서 크게 졌다는 소식을 듣고 나는 어린애처럼 큰 소리로 엉엉 울었다.

지난번에도 얘기했지만 나는 백의종군 중이었지만, 손 놓고 가만있을 수가 없었다. 송대립, 유황, 윤선각, 방응원, 현응진, 임영립, 이원룡, 이희남, 황우공 등 군관 9명, 병사 6명과 함께 칠천량해전이 있었던 남해안으로 달려갔다. 피해 상황을 확인하고 대

책을 마련하기 위함이었다.

다음 날 바삐 구례를 떠났다. 떠나는 길이면서, 나라를 구하는 시작 길이었다. 구례로 올 때는 군관 9명과 병사 6명뿐이었는데, 떠날 때는 손인필 군관과 그의 아들 손응남 등이 합세하여 식구가 불었다.

그날 구례 의병까지 모아 수군 재건에 나선 손인필과 그의 아들 손응남은 군량과 군수품을 지혜롭게 잘 모으고 관리했다. 그 덕분에 우리 수군은 짧은 시일에 재건되었다. 하지만 안타깝

구례 현청 터와 명협정

게도 이듬해인 1598년 노량해전에서 두 사람 모두 순절했다.

그뿐만 아니라 내가 8월 3일에 지나갈 때 석주관을 지키고 있던 이원춘 구례 현감도 남원성전투에서 용감히 싸우다 순절했다. 이원춘은 남원성으로 모이라는 명령에 따라 5일 석주관을 떠났는데 8월 7일, 고니시 유키나가의 왜병 5만 5천 명이 쳐들어와 방화와 약탈로 구례를 잿더미로 만들었다. 그리고 8월 13일 남원으로 몰려가서 남원성전투를 벌인 것이다.

한 달 뒤인 9월, 구례 선비 왕득인이 의병 50여 명과 함께 석주관에 진을 치고 왜병과 싸웠으나 모두 순절했다. 11월에는 왕득인의 아들 왕의성이 다시 천여 명의 의병을 일으켜 화엄사 승병 153명과 힘을 합쳐 왜병과 싸웠는데, 또 모두 순절했다. 이때 손인필의 셋째 아들 손숙남도 의병들과 함께 석주관성을 지키며 용감히 싸웠다.

목숨을 바친 그들의 희생과 노력이 참으로 고맙기만 하다. 그러니 오늘의 너희가 있음은 그들의 은덕이란 걸 부디 잊지 않았으면 한다.

4. 수군 재건의 힘찬 걸음을 내딛다
- 곡성

구례에서 하루를 자고, 다음 날 아침입니다. 세 사람은 구례를 떠나 곡성으로 갔습니다.

한참 걷다 보니 어느덧 황전천이 섬진강으로 흘러드는 구례구역입니다. 이제 섬진강을 거슬러 북쪽으로 올라가면 곡성에 다다릅니다. 세 사람은 햇살이 눈부시게 부서지는 섬진강을 끼고 걷다 보니 두 길과 두 물이 만나는 압록에 이르렀습니다.

"여기가 이순신 장군이 잠시 쉬며 말에게 물을 먹인 '압

곡성 가는 길 섬진강 압록

록'이다. 우리도 잠시 쉬어 가자."

"압록이요? 압록강은 북한에 있잖아요?"

"그렇지. 백두산에서 흐르는 압록강하고 같은 이름이구나. 압록은 이곳에 사는 사람들이 '대황강'이라고 부르는 보성강, 또 '순자강'이라고 부르는 섬진강이 만나는 곳이다. 원래는 보성강과 섬진강이 합쳐지는(合) 이곳 물빛이 초록(綠)이라고 해서 '합록'이라고 불렀는데 강물 가득 펄떡이는 물고기를 보고 날아드는 청둥오리 때문에 오리 압(鴨) 자를 써서 압록이 되었다는구나. 백두산 압록강도 마찬가지야."

"대황강은요?"

"물살이 거친 큰 강이라는 뜻이다. 출렁이는 강물이 힘차게 흘러가는 모습을 나타낸 말이다."

"순자강은요?"

"순자강은 메추라기 순(鶉) 자에 아들 자(子) 자다. 예전에 앓아누운 아버지를 아들이 메추라기로 낫게 해서 메추라기와 아들을 뜻하는 순자강이 되었단다."

"그런데 이순신 장군이 이곳에는 왜 들렀지요?"

"이곳은 전라도의 남북과 동서가 만나는 중요한 길이기 때문이지. 당시 군사를 이끌고 이 길을 지나다니던 전라도의 각 고을 수령들을 만나려고."

"아! 맞다. 《난중일기》에서 '압록에서 병사를 데리고 온 고산 현감 최진강과 수군에 대해 이야기를 많이 나누었다.'고 읽었어요."

"무엇보다 중요한 건 수군 병사와 군수품을 얻는 일이었다."

"그래서 구례에 들러 군수품을 맡을 손인필 군관과 함께

곡성 청계동 양대박 유적지

길을 나섰던 거지요?"

"그렇지. 또 곡성은 왜가 쳐들어왔을 때 조선에서 처음으로 의병을 일으킨 의병 고을이었다."

윤민이가 자리에서 벌떡 일어나더니, '탁!' 손뼉을 치며 말했습니다.

"아! 알았다. 그러니까 이순신 장군이 의병의 고을 곡성으로 가신 것은 수군 의병을 모으기 위해서였던 거지요?"

세민이가 깜짝 놀란 표정으로 윤민이를 칭찬했습니다.

"어! 제법인데. 대단해요, 내 동생!"

할아버지도 너털웃음을 웃었습니다.

"하하하! 이순신길을 걷는 보람이 있구나."

"왜가 쳐들어왔을 때 처음으로 의병을 일으킨 사람은 누구예요?"

"이종형제 사이였던 유팽로와 양대박이다. 유팽로는 금산 전투에서 순절하였고, 양대박도 의병과 왜병의 첫 전투에서 승리를 거두고 순절하였다. 그래서 곡성을 의병의 고장이라고 한단다."

유팽로와 양대박 의병장이 순절하였다는 말에 세민이, 윤민이 눈에 눈물이 그렁그렁 맺혔습니다. 할아버지 눈에도 눈물이 보였습니다.

이야기를 나누다 보니 곡성이 보입니다. 세민이, 윤민이는 차츰 다리에 힘이, 마음속에 용기가 샘솟았습니다.

이순신길 편지 4

사랑하는 아이들아!

오늘은 골짜기의 성이라는 이름 그대로 산이 성벽처럼 둘러싼 마을 곡성 이야기를 해 주마.

섬진강이 전라북도 남원에서 곡성으로 흘러오다, 동악산을 만나면 남쪽으로 흐르던 물길을 동쪽으로 튼다. 그리고 곡성을 감싼 산을 휘돌아 우리 조선 수군이 지키던 남해로 흘러간다.

남원에 살던 양대박은 왜가 쳐들어올 것을 예감하고 곡성 청계동에 안채, 정자, 노비 살림집 등 25채의 집을 짓고 의병 마을을 만들었다. 청계동은 바로 섬진강 물줄기를 돌린 동악산 북쪽 청계 계곡에 있는 마을이다.

이웃 마을 옥과현에는 유팽로가 있었다. 유팽로는 1592년 4월 13일 진주 목사의 조카인 김치에게서 왜가 쳐들어왔다는 소식을 듣고 곧바로 한양에서 고향인 옥과로 버려와 4월 20일 의병을 일으키고 양대박 등과 힘을 모았다.

6월 29일, 남원에서 의병을 더 모아 전라도 담양에서 충청도

4. 수군 재건의 힘찬 걸음을 내딛다

금산으로 가는 고경명 의병군과 합치려고 임실을 지나고 있던 양대박 의병 부대는 갑자기 나타난 왜병을 무찔렀는데, 이 전투는 왜란 중 의병과 왜병의 첫 전투이고 첫 승리였다.

금산 가까이 다가간 7월 7일, 양대박은 갑자기 피질에 걸려 아들 양경우의 부축을 받아야 겨우 일어날 수 있었다. 그날 밤 양대박은 자신이 아끼던 칼을 바라보며 눈물을 흘리더니 49세에 말없이 눈을 감았다. 코앞까지 쳐들어온 왜적을 그대로 두고 가야 했으니, 얼마나 가슴 아팠을까 싶다.

곡성 양대박 유적지인 동악산 청계동 계곡

왜가 다시 쳐들어온 1597년 8월 3일 삼도수군통제사로 재임명 되었을 때 일이다. 나는 마음 같아서는 곧장 섬진강을 건너 순천성과 전라좌수영으로 가고 싶었다. 순천성에는 각종 군수품이 있고, 여수의 전라좌수영에도 군량미는 물론 몇 척의 배라도 있을 거라는 생각 때문이었다.

그런데 부대 이동이 빠르기로 소문난 왜장 시마즈 요시히로가 왜병을 이끌고 진주에서 섬진강 쪽으로 오고 있었다. 거기다 왜장 구로다 나가마사도 하동과 순천 사이에 있는 광양에 있었다. 또 왜가 전투에 앞서 내보낸 첩자들이 사방에 깔려 있어서, 말의 입에 재갈을 물리고, 밤길에 횃불도 밝히지 못하고 다닐 때였다. 그러니 무작정 순천과 여수로 가는 것은 위험했다. 다행스러운 점은, 왜는 칠천량해전 때 자신들이 조선 수군과 함선을 모두 없애 버렸다고 생각했고, 내가 백의종군 중에 다시 삼도수군통제사가 된 것을 몰랐다는 점이다.

나는 백의종군 중에도 왜와 싸울 병력, 군량미, 함선 확보는 전라도에서 해야 한다고 생각했다. 그래서 왜선이 가득한 남해의 고을인 순천과 여수보다는 조금이라도 안전한 곳에서 수군 재건에 나서야겠다고 판단한 뒤 말 머리를 구례로 돌렸던 것이다.

그리고 구례에서 곡성으로 가면서 정탐 능력이 뛰어난 군관 송대립을 순천으로 보내며 왜병의 상황을 알아본 뒤, 옥과현에서 만나자고 했다. 또 곡성으로 가던 중 압록에서 고산 현감이 인솔하던 병사를 수군으로 받아들였다.

이윽고 곡성에 이르렀다. 하지만 최충집 현감도 없고, 성안이나 백성들의 집에도 사람이 없었다. 나는 왜의 좌군이 떼로 몰려오는 남원성이 걱정돼, 남해 현령 박대남을 남원으로 보내고 텅 빈 현청에서 하룻밤을 지냈다.

곡성 기차 마을

5. 스스로 찾아오는 의병 수군을 만나다 - 옥과

곡성에서 하루를 쉬고 세 사람이 가는 곳은 8월 5일에 이순신 장군이 들른 이웃 고을 옥과입니다.

윤민이가 무언가를 한참 생각하더니 말을 꺼냈습니다.

"누나! 이순신 장군이 곡성에서 실망이 크셨겠어."

"왜?"

"수군도 모집하고, 무기와 군량미도 얻어야 하는데, 관청과 백성들 집이 텅 비었으니 얼마나 허망했겠어?"

할아버지가 세민이와 윤민이가 나누는 말을 거들었습니다.

"맞다. 곡성을 떠나올 때, 이틀 전에 들렀던 구례 현청이

옥과 현청 터

불에 타 재가 되었다는 소식을 들었단다. 그런 데다 백의종군 중이던 7월 22일 종 평세가 가져온 온양 집 소식도 있었다. 4월 13일 돌아가신 어머니 장례를 8월 4일에 치른다는 것이었다. 곡성에 있던 날이 바로 그 장례식날이었으니, 얼마나 가슴 아프셨겠느냐?"

그런 생각에 세 사람은 덩달아 기분이 우울했습니다. 아무 말 없이 터덕터덕 걸어 옛 옥과 현청 터로 갔습니다. 하지만 현청은 없고 터만 남아 있었습니다.

그때 갑자기 생각이 났다는 듯 세민이가 손뼉을 쳤습니다.

"맞아! 옥과에서는 이순신 장군 기분이 좋으셨어. 틀림없어."

"왜?"

"생각해 봐. 옥과에서는 옛 부하인 정사준, 정사립이 마중을 나왔잖아. 또 다음 날은 송대립 군관이 적을 정탐하고 와서 순천성을 비롯한 여러 소식까지 알게 되기도 했지."

그렇게 마음을 애써 환하게 바꾸며, 옛 옥과 현청 터 가까이 있는 만취정으로 갔습니다.

"누나 여기 비석이 있어. 한자를 읽어 봐."

"천광호, 어! 호수네."

"이게 호수라고? 애걔걔……. 이게 무슨 호수? 손바닥만 하구먼. 근데 저기 집이 두 채 있네."

"큰 집은 조선 7년 전쟁 때 가장 먼저 의병을 일으킨 유팽로 장군을 모신 사당인 옥산사다. 또 작은 집은 고려 신종 임금 때의 한림학사 조통과 아왕공주를 모신 성황사다."

"야! 이순신길을 걸으니, 가는 곳마다 훌륭한 조상님들을 만나네."

옥과 합강 마을 유팽로 사당 도산사

"그래. 길에서도 배우니, 길이 곧 학교네."

세민이와 윤민이 말에 할아버지는 빙그레 웃으며 이야기를 이었습니다.

"그렇지. 그래서 옛날에는 아름다운 산과 강, 들이 바로 학교였다."

할아버지는 고구려의 조의선인(皂衣先人), 백제의 무절(武節), 신라의 화랑(花郎)에 대해 알려 주었습니다.

고구려의 젊은이들이 나라의 상징 색인 검은색 옷을 입고,

아름다운 산천을 찾아다니며 몸과 마음을 닦았습니다. 을지문덕, 양만춘, 연개소문이 그 조의선인입니다. 백제의 무절인 싸울아비도 몸과 마음을 닦는 젊은이들입니다. 백제를 지키기 위해 싸웠던 계백, 흑치상지가 그들입니다. 널리 알려진 신라의 화랑들은 김유신, 관창, 사다함 등이 있습니다.

"누나, 우리 조의선인, 무절, 화랑에 대해서는 나중에 더 알아보자."

"응! 오늘의 우리가 있는 것은 그 훌륭한 조상님들 덕분인 게 분명하니까."

"이제 다음으로 갈 곳은 순천 길이지?"

"그래. 그리고 이제부터는 이순신 장군에게 좋은 일이 더 많았으면 좋겠다."

"그러게 말이야. 지금까지는 얻은 것이 별로 없잖아."

"그래도 꼭 허탕을 친 것만은 아냐. 옛 부하들이 하나둘 찾아오고 있으니까."

세민이, 윤민이 말에 할아버지가 끼어들었습니다.

"맞다. 한술 밥에 배부를 순 없지."

옥과를 둘러보고 세 사람은 유팽로 의병장이 살던 합강

마을로 갔습니다. 그곳에 유팽로가 타고 다니던 말 무덤인 의마총이 있었습니다. 유팽로의 시신을 훼손하는 왜병들에게 사납게 달려들어 막아 낸 오리마의 말 무덤입니다.

"말이 사람처럼 의로운 일을 했네."

"그러게! 어쩌면 사람보다 더 의로운 일을 했다고 할 수도 있지."

의로운 말 무덤, 의마총 앞에서 세민과 윤민은 의로움에 대해 다시 한번 생각해 보았습니다.

옥과 합강 마을 의마총

이순신길 편지 5

사랑하는 아이들아!

오늘은 예전에는 현감이 다스리던 큰 고을인 옥과 이야길 해 주마.

내가 곡성을 나와 각각 순천과 옥과로 가는 갈림길인 삼거리에 이르러 큰 홰나무 그늘에 앉아 잠시 쉴 때다. 길에는 순천과 낙안에서 온다는 피난민들이 가득했는데, 그들이 나를 알아보고 울부짖으며 하소연했다.

"사또가 오셨으니, 이제 우리는 살았다." 그렇게 길바닥에 엎드려 절을 하는가 하면, "장군님을 따라가겠습니다." 하고 나서는 젊은이들도 있었다.

나는 피난민들 손을 일일이 잡아 주며 위로하고 격려하면서, 반드시 왜적을 물리쳐 도탄에 빠진 백성들을 구해야겠다고 마음먹었다. 수군이 되겠다고 나서는 젊은이는 기꺼이 받아들였다.

마침내 옥과 현청에 이르렀다. 반가운 사람들이 있었다. 임진왜란 때 거북선 돌격대장이던 이기남, 정사준과 정사립 형제, 조응복과 양동립 군관 등 옛 부하들이 마중 나왔다.

당시 옥과 현청 앞에는 한자의 하늘 천(天) 자 모양인 '천광호'라는 아름다운 인공 호수가 있었다. 조선 성종 임금 때에 현감 방옥정이 호수를 파게 하고, 정자 '만취정'까지 지어서 뱃놀이를 즐겼다 하더구나.

나는 옥과 현청의 객사인 설산관으로 갔다. 하지만 옥과 현감 홍요좌가 아프다면서 나오지 않아 잡아서라도 데려오라 했다. 그때야 현감이 마지못해 나와 군례를 올렸다.

옥과 현청 객사 설산관 터

나는 현감을 앞세우고 곡식 창고와 병기고를 점고하였다. 그러다 깜짝 놀랐다. 곡식 창고는 텅 비어 있고 병기고에는 녹슨 칼과 창 몇 자루만 있을 뿐이었는데, 화살도 여기저기 바닥에 흩어져 널려 있었다.

불같이 화를 내는 내게 홍요좌 현감이 한 변명이 더 기가 막혔다. 왜적이 곧 쳐들어온다고 하자, 관리와 병사들이 창고를 털어 산골로 도망쳤다는 것이다. 순간 나는 가슴이 무너져 내렸다.

하지만 하늘이 무너져도 솟아날 구멍이 있다지 않더냐? 역시 믿었던 대로였다. 의병의 고을답게 수군이 되겠다고 스스로 찾아오는 젊은이들이 있었다. 세어 보니 60여 명에 이르렀다.

나는 옥과에서 8월 5일부터 6일까지 이틀을 머물렀다. 마음은 한가롭지 않았다. 하지만 구례를 떠날 때 순천으로 정탐을 보내며 옥과에서 만나기로 한 송대립 군관을 기다렸다. 만약에 순천 상황이 괜찮다면 곧바로 순천으로 갈 생각이었다.

나는 우리 수군이 전투할 무기와 화약 등이 순천성에 그대로 남아 있기를 하늘에 빌었다. 그렇게 마음 졸이며 이제나저제나 기다리던 송대립 군관이 6일 저녁에 돌아왔다. 나는 송대립 군관의 두 손을 꼭 잡아 주고 힘껏 끌어안아 주었다.

6. 병사와 장수들을 만나다
- 석곡 능파정

이른 아침, 할아버지께서 세민이, 윤민이에게 묻습니다.

"어떠냐? 힘들지 않으냐?"

"괜찮아요! 걸을수록 힘 나요."

"학교에선 선생님께 듣고 배웠지만, 이번엔 이순신 장군님이 걸었던 길에서 보고 배워요. 참 재미있고 보람 있어요."

세 사람은 두 팔을 쑥 올려 기지개를 켜고 자리에서 일어났습니다.

오늘은 순천으로 갑니다. 가는 길에 이순신 장군이 8월 7

석곡 능파정

일에 하룻밤을 머문 대황강 변의 석곡 능파정과 주암의 부유창을 둘러볼 것입니다.

한동안 말없이 걷다가 문득 생각난 듯 세민이가 할아버지께 여쭙니다.

"할아버지! 이순신 장군이 옥과에서 기다린 송대립 군관이 어떤 소식을 가져왔지요?"

"두 가지였을 거다. 하나는 순천부성에 왜적이 들어왔는지 안 들어왔는지, 또 하나는 칠천량해전 때 노량에 숨겼다는 배설의 경상우수영 함선 12척이 어디로 갔는지."

"할아버지! 배설의 함선 12척은 이순신 장군에게 큰 희망이었겠어요."

"물론이다. 이순신 장군은 배설이 왜선으로 가득한 경상도 쪽 바다를 피해 전라도 쪽 바다에 함선을 숨겼을 거라고 생각하셨다."

"그때 순천부성에도 왜적이 없었을까요?"

"그렇지. 전라도 병마절도사 이복남과 순천부사 우치적은 남원성으로 가기 위해 낙안으로 떠났고, 성에는 아무도 없었다고 했다."

이야기하다 보니 어느덧 석곡입니다.

세 사람은 곧바로 능파정으로 갔습니다. 《난중일기》에서 강정이라고 일컫는 곳입니다.

능파정에서 바라보는 대황강의 물길은 마치 돼지의 두 콧구멍처럼 두 번 구부러져 휘감아 돕니다. 세 사람은 능파정에 앉아 대황강을 바라봅니다. 대황강은 멀리 보성의 일림산에서 나와 순천의 주암호에 머물다가 다시 이곳 곡성의 석곡까지 흘러왔습니다. 이곳을 지나 압록에서 순자강과 만나면 섬

능파정 앞 대황강

진강이 되어서 남해로 들어갑니다.

　섬진강이라는 이름도 왜구의 침략과 관련이 있습니다.

　고려 말엽, 왜구들이 틈만 나면 몰려와 바닷가에 사는 백성들을 괴롭혔습니다.

　1385년 우왕 때에도 섬진강 하구에 왜구가 쳐들어왔습니다. 이때 수많은 두꺼비가 강가에 나와 무섭게 울어 댔고, 놀란 왜구들은 쫓기듯 물러갔습니다. 이때부터 두꺼비 섬(蟾) 자와 나루 진(津) 자를 가져와 두꺼비 나루라는 뜻의 섬진강이라고 불렀습니다.

능파정은 이순신 장군과 오래전부터 알고 지내던 신대년이 지은 대황강 변의 정자입니다.

"이순신 장군은 능파정에서 신대년의 다섯 형제인 대수, 대춘, 대충, 대림 등에게 왜병에 대한 많은 이야길 들었단다."

"할아버지! 수많은 사람이 뒷받침해서 이순신 장군이 왜를 무찌르신 거네요?"

"그렇지. 나라를 위하고 이웃을 사랑하는 일은 지위의 높고 낮음, 돈의 많고 적음, 학문이 높고 낮음과는 아무런 상관이 없단다."

"할아버지! 이제 순천으로 가지요?"

"그러자. 주암 창촌의 부유창을 거쳐 이순신 장군이 가신 순천으로 가자."

세 사람은 신대년 5형제가 살았던 대황강의 아름다운 정자 능파정에서 순천으로 길을 잡았습니다.

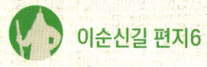
이순신길 편지6

사랑하는 아이들아!

옥과를 나온 나는 큰 희망을 안고 순천을 향했다. 송대립 군관이 다행히도 순천부성에 왜병이 없다고 했기 때문이다. 그렇다면 무기와 화약도 그대로 있으리라 생각했다.

바삐 순천으로 가는데, 부대를 잃고 뒤처진 전라병마사 이복남 휘하의 병사들 20여 명이 말 세 필, 활과 화살을 가지고 나를 찾아왔다. 나는 그들을 받아들였다.

또 날 만나러 온 선전관 원집에게 임금의 분부를 받았다. 매사에 조심하고 반드시 왜적을 무찔러 나라를 구하라는 것이었다. 곰곰 생각해 보니, 이번에 수군을 재건하느냐, 못 하느냐에 나라의 운명이 걸려 있구나 싶었다.

그래서 나는 돌다리도 두드려 본다는 말처럼 한 번 더 순천 상황을 알아보기 위해 다시 정탐을 보냈다. 그런 뒤 역시 순천 상황을 잘 아는 강정 신대년의 능파정에 들러 하룻밤을 더 지내기로 했다.

6. 병사와 장수들을 만나다

능파정 주인 신대년은 고려 건국에 큰 공을 세운 신숭겸 장군의 후손이다. 1519년에 태어났으니, 1545년에 태어난 나보다 26살 많지만 과거 시험 볼 때 한양 여관에서 만난 우리는 형제처럼 가까워졌다. 나는 정읍 현감 시절에도, 삼도수군통제사가 되었을 때도 능파정을 찾아 기쁨을 나누고, 우정을 두텁게 쌓았다. 능파정 아래 대황강 언덕에 있는 바위 '탁사대'의 사람 발자국과 말발굽 자국은 신숭겸 장군이 남긴 흔적이라고 했다.

석곡 대황강 능파정 아래 탁사대

그리고 순천부 부사는 '우치적'으로, 1592년 왜군과의 해전에서 앞장서 왜선에 올라 적을 무찌르고 포로가 된 백성을 구하는 등 용맹을 떨친 장수였다.

역시 나를 옥과까지 마중 나온 정사준, 정사립 형제도 순천부 군관이다. 형인 정사준은 뛰어난 발명가이자 대장장이로, 임진왜란 때 나를 따라 일곱 차례 전투에서 공을 세웠다.

당시 전투에서 왜병이 강했던 건 조총 덕분이었다. 16세기에 포르투갈에서 온 조총은 조선의 승자총통, 쌍혈총통(연발총)보다 몸체가 길고 총구멍도 깊어 그 힘이 훨씬 강했다.

조총은 '하늘을 날아가는 새(鳥)를 쏘아서 떨어뜨리는 총(銃)'이라는 뜻이다. 나는 왜병 조총보다 뛰어난 조총을 만들자며 그 책임을 정사준에게 맡겼다.

기대한 대로 정사준은 순천 낙안의 수군 이필종, 순천의 어느 집 종 안성, 전쟁을 피해 김해 병영에 사는 절의 종 동지, 역시 거제 절의 종 언복 등과 함께 조총을 만들었다. 쇠에 잡것이 섞이지 않은 순수한 정품(正品)으로 만들어서 정철조총, 조선조총이라 했다.

또 거제도 절의 종인 언복도 뛰어난 대장장이였다. 1595년 7월

21일, 언복이 태구련과 함께 허리에 차는 칼인 환도를 여러 자루 만들어 내게 가져왔더구나. 나는 너무 기뻐서 이 환도를 가까운 친구이자 전우인 선거이, 신호, 박종남 등에게 한 자루씩 주었다.

선거이는 함경도에서 나와 함께 여진족과 싸웠고, 1592년 한산대첩에서도 나와 함께 싸운 전우이자 친구였다. 신호는 낙안 군수를 지낸 군수품 책임자로 내가 어려운 일을 겪을 때마다 앞장서서 해결했던 은인이다. 남원성전투에서 순절했는데 수군재 건길에 그 소식을 듣고 어찌나 눈물이 나던지 부끄러운 줄 모르고 울었다. 박종남은 나와 같이 무과에 합격하여, 나를 보좌하는 지휘관이 되었다. 환도가 아니라, 더 귀한 물건을 줘도 아깝지 않은 장수들이었다.

7. 전투할 무기와 화약을 얻다
   - 순천

세 사람은 능파정 앞 대황강 강둑길을 걸어 다리를 건넜습니다.

"누나! 그때도 이런 다리가 있었을까?"

"무슨, 나룻배가 있었겠지."

"맞다. 1960년대까지도 다리가 놓이지 않아 이곳 대곡나루에서 신숭겸 장군이 태어난 목사동 구룡 마을 나루까지 나룻배가 다녔다. 그러니 이순신 장군과 60여 명 병사도 그해 8월 8일 이른 새벽에 나룻배로 대황강을 건넜을 것이다."

주암 창촌 부유창 터

　세 사람은 논길, 들길을 걷다 다시 대황강을 만나며 마침내 주암 창촌의 부유창에 이르렀습니다. 8월 8일 이순신 장군이 새벽에 능파정을 나와 아침을 먹은 곳입니다.

　하지만 《난중일기》에 "타다 남은 재만 있어 보기에 처참하다."라고 한 부유창도 지금은 없고, 옛터를 알리는 표지판만 있습니다.

　"예전에 이곳은 현감이 다스리던 부유현으로 현청이 있었다. 주암과 승주에서 거둬들인 환곡을 보관하던 창고인 부유

순천부성 남문 터 표지석   순천부성 남문 연자루(국립중앙박물관 소장)

창이 있어서 창촌, 창골이라고도 했다."

"그런데 이상해요. 왜병이 아직 오지 않았는데, 창고가 왜 불에 탔어요?"

"왜 불에 탔느냐……."

윤민이의 물음에 할아버지는 선뜻 말하지 못하고 잠시 생각하더니, 대답했습니다.

"그건 당시 전라병마사 이복남의 명령 때문이었다."

"왜요? 왜 우리 병마사가 우리 군량미 창고를 불태우라고 해요?"

할아버지는 이번에도 머뭇대며 잠시 생각하더니, 대답했습니다.

"그건 말이다. 왜병에게 빼앗기지 않으려고 그런 거란다."

"부유창에서 군량을 마련할 수 있다고 생각하고 가셨던 이순신 장군 일행이 실망하셨겠네요."

"그러니 《난중일기》에 처참했다고 쓰신 거지."

"그래도 너무해요. 피난민들은 굶어 죽기도 했다는데, 왜 태워요?"

윤민이는 기분이 언짢은지, 발로 돌멩이를 툭 찼습니다.

"그러게 말이다. 그래서 지휘관이 중요하단다. 지휘관이 조금이라도 지혜로웠다면 피난민들에게 나눠 주었을 텐데. 자! 이제 순천으로 가자."

세 사람은 창촌을 나와 순천으로 갔습니다.

순천 시내로 막 들어설 때입니다.

세민이가 어딘가를 가리켰습니다.

"할아버지! 저기 비각이요."

"그래, 팔마비로구나."

고려 시대, 고을의 태수가 임기를 마치면 순천 부민들은 없

순천 팔마비

는 살림을 털어서 말 여덟 마리를 바쳤습니다.

최석이라는 태수가 임기를 마치자, 순천 부민들은 여느 때와 마찬가지로 말 여덟 마리를 바쳤습니다. 그런데 최석은 말이 낳은 망아지까지 모두 아홉 마리 말을 돌려보냈습니다.

이때부터 순천부에서는 말을 바치지 않았습니다. 순천 부민들이 최석의 덕을 기리는 비를 세웠으니, 바로 팔마비입니다.

"책에서 읽고 꼭 보고 싶었는데, 드디어 오늘 만났네요.

윤민아! 우리나라의 모든 관리들이 팔마비의 최석 부사를 본받으면 좋겠지?"

"누나! 그러면 우리나라 곳곳이 송덕비로 뒤덮여 걸어 다니지도 못할걸."

"아무러면 어때? 살기 좋은 나라가 될 텐데……."

"이 팔마비는 우리나라에서 처음으로 훌륭한 지방 관리를 기린 송덕비다."

세 사람은 팔마비 앞에서 고개 숙여 참배했습니다.

이순신길 편지7

사랑하는 아이들아!

오늘은 순천의 일과 순천부성 이야길 해 주마.

나는 주암 창촌의 부유창에서 기대했던 군량미를 얻지 못했다. 이곳을 지키던 병사들이 전라병마사 이복남의 명령으로 군수 창고를 불태우고 남원성으로 떠났기 때문이다. 이곳뿐만이 아니었다. 이복남은 순천을 나와 남원으로 가면서 낙안, 곡성, 구례 등 가는 곳마다 불을 놓아 현청, 병기창, 군량미 창고를 불태워 버렸다. 이틀을 묵었던 옥과 현청과 객사인 설산관도 내가 떠난 다음 날 병마사의 명령으로 홍요좌 현감이 불태워 버렸다.

그러니까 왜가 다시 쳐들어오기 전인 1596년 11월이다. 선조 임금은 "부모 처자와 가재도구, 곡식을 모두 부근 산성으로 실어 옮겨라. 양이 많거나, 너무 먼 곳에 있어서 옮길 수 없는 것들은 근처의 깊은 산중에 단단히 묻어 감추고 청야하라."는 청야령을 내렸다. 청야령은 적에게 빼앗길 위험이 있는 곡식, 창고를 불태우라는 명령이었다.

7. 전투할 무기와 화약을 얻다   69

모두들 성급하다고 말리는데도 이복남 병마사는 순천에서 남원으로 가면서 서둘러 청야책을 행했다. 그리고 8월 15일 남원성전투에서 순절하였다. 전투를 지휘하던 이복남은 물밀듯 밀려오는 5만 5천여 명의 왜병을 막을 길이 없자 북문에 쌓아 둔 폭약 더미에 불을 붙였다. 폭발 소리와 불기둥이 하늘을 찢고 태

1872년 순천부 지도

울 듯 치솟았다. 이날 평양을 비롯하여 전국에서 불러 모은 조선 군사와 의병 1천여 명, 명나라 군사 3천여 명, 성안에 있던 백성 6천여 명 등 1만여 명이 순절하여 만인의총에 묻혔다.

이 소식을 듣고 전주성을 지키던 명나라 장수 진우충은 도망쳐 버렸다. 왜병은 총 한 번 쏘지 않고 한달음에 전주성으로 들어갔다.

아! 이틀만 더 빨리 통제사가 되거나, 이복남이 이틀만 더 청야책을 미뤘더라면…….

청야령 때문에 군량미 얻을 계획이 물거품이 된 것이다. 참으로 가슴이 찢어질 듯 아팠지만, 병사들이 낙담하지 않도록 나는 입을 꾹 다물고 내색하지 않았다.

나는 늘 남원성이 걱정이었다. 남원성이 무너지면 전주가 무너지고, 전주가 무너지면 남해에 머물던 왜의 수군이 곧장 한양으로 올라갈 것이기 때문이다. 그래서 군량미를 없애 육지 왜병의 침략 속도를 조금이라도 늦추려고 청야책을 시행한 이복남을 무작정 원망할 수만은 없었다.

나는 애써 태연하게 부하들과 함께 빠른 길을 택해 순천이 내려다보이는 구치고개에 이르렀다. 그곳에 조금 전 부유창에서 후다닥 사라졌던 광양 현감 구덕령, 나주 판관 원종의가 있었다. 두 사람은 이복남 전라병마사를 만나지 못하고 헤매다가, 나를 보고 깜짝 놀라 엉겁결에 몸을 피했던 것이다. 이들도 수군재건 길의 소중한 식구들이라 생각한 나는 크게 나무라지 않았다.

나는 마침내 순천부성 남문 연자루를 지나 성안에 들어섰다. 텅 빈 거리에는 사람이 없었으나, 천만다행으로 곳간의 곡식과 무기 등 각종 군수품은 그대로 있었다.

또 주암 창촌의 부유창에서 관리들을 소집하라는 전령을 미리 보냈더니, 옥구군수 김희온, 조방장 배경남, 순천부사 우치적, 김제군수 고봉상 등이 앞서거니 뒤서거니 왔다. 병사도 60여 명이 충원되어 모두 120여 명이 되었다. 또 여수 흥복사의 중 혜희가 와서, 승병을 일으키겠다고 해서 격려한 뒤 의병장에 임명한다는 사령장을 주었다.

그리고 장전과 편전 등의 화살, 창과 칼 등 병장기는 군관과 병사들에게 나누어 주었다. 화약과 총통 같은 화포는 땅에 묻고 나중에 알아볼 수 있도록 표식을 해 놨다.

8. 백성들을 위로하다
 - 낙안읍성 이순신나무

"누나! 이제 보성으로 가는 거지?"

"아냐. 이순신 장군께서 낙안을 먼저 들르셨어. 아직 군량미와 무기가 충분하지 않잖아."

"맞다. 하지만 주암 창촌의 부유창처럼 순천의 낙안읍성도 헛걸음이 되었단다."

세 사람은 순천을 나와 이순신 장군이 8월 9일에 들른 낙안으로 갔습니다.

순천은 여수반도와 고흥반도를 두 팔 삼아 남해의 뭇 섬

낙안읍성

 들을 품은 아름다운 고을입니다. 남해의 여러 고을과 섬마을은 이른 봄이면 진달래와 개나리가 피고, 매화와 동백, 산수유가 흐드러지게 어우러집니다. 낙안은 순천을 지키는 수문장 고을입니다.
 세 사람은 금전산 고갯길에서 낙안읍성을 한번 내려다보고 성문 앞으로 갔습니다. 돌로 쌓은 낙안읍성의 우람한 성벽이 든든해 보였습니다.
 할아버지가 낙안읍성을 둘러싸고 있는 산들을 가리키며

낙안읍성의 성문과 성곽

알려 주었습니다.

"성의 북동쪽에는 우리가 지나온 금전산이 우뚝 솟아 있고, 서쪽에는 백이산, 남서쪽에는 노강산, 남쪽에는 부용산, 남동쪽에는 제석산이 있다. 부용산과 제석산 사이만 트이고 산들로 빙 둘러싸여 있어 적의 침입을 막기 좋은 곳이다."

평지에서 산기슭으로 이어지는 성을 평산성, 평야에 쌓은 성을 평지성이라고 합니다. 또 돌로 쌓은 것은 석성, 흙으로 쌓은 것은 토성이라고 하지요. 우리나라 성은 대부분 평산성이고 석성인데 낙안읍성은 평지성에 석성입니다. 처음에는 돌이 아니라 흙으로 쌓았다고 합니다.

"분명 성안에 이순신 장군 나무가 있다고 했는데……."

"그러게. 성을 한 바퀴 둘러보며 그 나무를 찾아보자."

세 사람은 낙안읍성의 객사와 현청 등을 먼저 둘러봤습니다. 관광객을 위한 볼거리가 많아 시간 가는 줄 몰랐습니다. 자료를 전시해 놓은 낙민관에서는 낙안읍성의 역사와 사람들이 살아온 모습을 한눈에 볼 수 있었습니다.

다시 '장군목'을 찾아 나섰습니다. 낙안읍성에는 수백 년 된 아름드리나무가 여럿 있어서 어느 나무가 장군목인지 알 수 없었습니다. 그런데 '이순신나무'가 있었습니다.

윤민이가 누나를 불렀습니다.

"누나! 여기 이순신나무가 있어."

윤민이가 찾은 나무는 은행나무였습니다.

"이 은행나무는 위험에 빠질 뻔한 이순신 장군을 도와준 나무다."

할아버지가 세민이, 윤민이를 은행나무 앞에 세워 놓고 사진을 찍어 주었습니다.

낙안읍성 이순신나무(은행나무)

"윤민아! 여기도 이순신나무가 있다!"

세민이가 찾은 것은 푸조나무였습니다.

"이 푸조나무는 순천 왜교성 전투를 앞두고 승전을 기원하며 심은 거란다."

세민이, 윤민이는 푸조나무 앞에서도 사진을 찍었습니다. 마치 이순신 장군과 함께 사진을 찍는 듯했습니다.

"애들아! 오늘 저녁은 이순신 장군이 이곳에서 잡수셨다는 낙안팔진미를 먹자."

8. 백성들을 위로하다

낙안읍성 이순신나무(푸조나무)

"예, 할아버지! 아까 보니, 저쪽 식당에 낙안팔진미가 있었어요."

세 사람은 낙안에서 나는 여덟 가지 음식 재료로 지은 비빔밥을 먹으러 갔습니다.

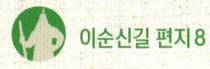 이순신길 편지 8

사랑하는 아이들아!

오늘은 순천부성을 나와 낙안성으로 갔던 날 이야길 해 주마.

낙안성은 조선 시대인 1397년에 낙안 출신 절제사 김빈길이 흙으로 쌓았단다. 물론 해안으로 노략질하러 온 왜구를 막기 위해서였다.

그 뒤, 1424년에 다시 돌로 쌓았다. 그러다 1597년 왜병이 파괴하여 폐허가 되었는데, 1628년 낙안군수 임경업이 복구하였단다. 낙안성 성곽 높이는 4m, 둘레는 1410m인데 성곽 위를 걸을 수 있다. 또 동내, 남내, 서버라는 세 마을이 있다.

그러니까 내가 순천에서 하룻밤을 지새우고 이른 아침에 길을 재촉하여 낙안에 이르른 1597년 8월 9일은 두 번째 왜의 침략 때문에 성안이 피난민들 울음소리로 가득 찼던 때였다. 소문을 들은 사람들이 오리 길을 걸어와 우리를 눈물로 맞이하더구나.

그들의 손을 잡아 주며 낙안성으로 들어서니, 또 성의 관리와 마을 사람들이 마중을 나와 반겼다. 그러면서도 이복남 병마사의 청야책으로 군수창을 불태워 버렸다고 슬피 울었다.

'식량도 무기도 없다니……'

나는 순간 온몸의 힘이 쑥 빠졌다. 하지만 이번에도 마음을 굳게 다잡으며 낙안성 관아를 살피고 객사로 가는데, 방덕룡 낙안군수가 헐레벌떡 찾아와 군례를 올렸다. 해안가 정찰을 다녀오는 길이라 했다. 뒤이어 마을 노인들이 술을 독째 들고 왔다.

식량도 무기도 얻을 수 없었지만, 성의 관리와 백성들이 반갑게 맞이해 주니 든든했다. 낙안군수 방덕룡은 나를 믿고 따랐

낙안읍성 객사

던 장수로, 이듬해 노량해전에서 함선을 이끌고 맨 앞에서 용맹스레 싸우다 순절했다.

그들과 함께 음식을 나누다 가까이 있는 당산나무에 술을 한 잔 부어 주었다. 그 뒤 사람들은 이 당산나무를 '장군목'이라고 불렀다더구나. 그러고 보니 나와 인연을 맺은 나무는 여러 그루구나.

나는 1591년 2월에 정읍 현감에서 전라좌수사가 되어 여수로 왔었다. 그리고 이듬해 4월에 7년 전쟁이 시작되었다. 나는 부족한 수군과 군량미를 모으기 위해 낙안성에 들렀다. 일을 마치고 여수로 돌아갈 때다. 은행나무 아래를 지나는데, 갑자기 군량미를 실은 마차 바퀴가 삐거거리더니 움직이지 않더구나. 서둘러 마차 바퀴를 수리하여 성 밖으로 나가 낙안천 큰 다리를 건너려는데, 큰 소리와 함께 다리가 무너져 버렸다. 은행나무 밑에서 마차가 멈추지 않았다면 다리 밑으로 떨어져 죽었을 것이라는 생각에 가슴이 서늘했다. 사람들은 낙안성 은행나무 신령이 나를 도왔다고 믿고, 그 뒤로 낙안성 객사 앞마을의 은행나무를 이순신나무라고 부르더구나.

나와 인연이 있는 나무가 또 있다. 내가 객사 뒤, 담 곁에 심은 푸조나무다. 푸조나무는 소금기를 잘 견뎌 주로 남해안에서 자라는데, 수백 년 동안 어른 팔로 두세 아름 넘게까지 자라면서 바닷바람을 막아 준단다.

내가 푸조나무를 심은 것은 명량대첩 이듬해로 1598년 10월 14일, 순천 왜교성을 빼앗으러 고금도 진지를 나와, 방덕룡 낙안 군수와 함께 잠시 성에 들렀다가 승리를 기원하며 심은 것이다. 그리고 곧바로 여자만에 있는 섬 장도로 가서 왜병의 군량미 창고를 빼앗았다. 또 10월 말에서 11월 초까지 이어진 전투에서 왜선 30여 척을 격침시키고, 11척을 빼앗았으며, 왜병 3천 명을 무찔렀다. 푸조나무는 승리의 나무라고 할 만하다.

9. 군량미를 넉넉히 얻다
- 보성 조양창, 득량

　산으로 둘러싸인 낙안읍성에서 밖으로 나가려면 험한 고갯길을 넘어야 합니다. 하지만 딱 한 곳, 부용산과 제석산 사이로 흐르는 벌교천을 따라가면 벌교로 갈 수 있습니다.
　고흥반도, 여수반도에 둘러싸인 여자만은 항아리 모양인데, 항아리 속 보석 같은 섬 장도에서도 이순신 장군은 왜적을 크게 무찔렀습니다.
　세 사람이 오늘 가는 곳은 이순신 장군이 8월 8일에 들러 이틀 밤을 묵은 보성의 조양창입니다.

조양현성 조양샘

"조양창은 마침내 이순신 장군이 군량미를 넉넉히 얻은 곳이다."

"야! 그럼 이제부터 이순신 장군이 기분 좋게 걸으셨던 길을 걷겠네요."

"꼭 그렇지만은 않다."

"왜요?"

"그건 걸으면서 알아보자."

세 사람은 조양창이 있었던 고내 마을로 들어섰습니다.

"자, 마침내 이순신 장군이 군량미를 듬뿍 얻은 마을이다."

"야호! 신난다. 이제 곧 바다로 나가 배를 타겠다."

"뭐? 배를 타? 윤민이 넌 바다를 걸어야지. 흐흐흐!"

"맞다. 난 바다를 걸을 거다. 히히히!"

"그런 의미에서 우리! 수박치기 한 판!"

세민이, 윤민이는 두 손을 번쩍 치켜들고 모처럼 신나게 수박치기를 했습니다.

"고내 마을은 병풍처럼 펼쳐진 방장산이 북쪽의 찬 바람을 막아 주고, 기름진 너른 들이 남해 쪽으로 펼쳐져 있어 풍요롭고 살기 좋은 곳이다. 예부터 여기 쌀은 호남의 일등 쌀이다."

세 사람은 고내 마을을 한 바퀴 휘돌아 걸었습니다.

갑자기 윤민이가 걸음을 멈추더니 발로 흙을 툭 차며 입을 비쭉 내밀었습니다.

"누나! 그런데 도대체 석성과 창고는 어디 있어? 우거진 숲밖에 없잖아."

"유적이나 유물은 눈으로만 보는 것이 아냐. 마음으로 봐야 보이는 것도 있어."

세민이, 윤민이가 티격태격 말을 주고받습니다.

할아버지가 빙그레 웃더니 의견을 냈습니다.

"여기 조양현의 유적지를 찾으면 상금을 주겠다."

"상금이 얼만데요?"

"장난감을 사는 거로 하면 어떨까?"

"예! 좋아요!"

갑자기 씩씩해진 세민이와 윤민이가 눈을 부릅뜨고 여기저기 살폈습니다.

"찾았어요. 마을 안, 옛 샘!"

"저도요. 밭둑의 돌담인 석성!"

"그래, 잘했다."

세 사람은 샘과 석성 유적을 살펴보고, 따가운 햇볕을 피해 나무 그늘에 앉았습니다. 저 멀리 푸른 남해가 보입니다. 논과 밭이 이어지는 들에는 곡식이 풍성합니다.

"지금은 바다를 막아서 들이 저렇게 넓지만, 옛날에는 바로 이 조양성 아래가 바다였고, 조양포라는 포구가 있었다. 조양포는 고려 시대까지 중국으로 배들이 오가는 큰 항구였다."

돌로 쌓은 조양성은 둘레가 1280m입니다. 윤민이가 찾은 돌담은 바로 조양성의 유적입니다. 세민이가 찾은 네모난 '조양샘'에서는 맑은 물이 솟구쳐 흘러넘칩니다. 몇백 년을 그렇게 샘솟아 흐르는 달고 시원한 물입니다.

"저기 산자락에 빽빽하게 나 있는 대나무들을 신우대라고 한다. 당시에 화살을 만들었지."

"할아버지! 이순신 장군과 여기서 함께 머물렀다는 동지 배흥립은 누구예요?"

"배흥립은 정읍 고부 사람으로 이순신 장군보다 한 살 아래였다. 이순신 장군이 전투를 비롯한 모든 일을 의논했던 가까운 벗이자 부하였단다."

"아! 이순신 장군의 수군재건길에 함께한 벗이었구나."

"그렇지. 세상에서 가장 소중한 것이 바로 좋은 벗이란다. 자, 이제 이순신 장군이 이곳에서 옮겨 가신 박실 마을로 가자."

세 사람은 다시 길을 걷기 시작했습니다.

사랑하는 아이들아!

오늘은 낙안읍성을 나와 보성 득량의 조양창에 이르는 이야기를 해 주마.

1597년 8월 9일, 낙안읍성을 나와 벌교에서 서쪽으로 길을 잡아 십여 리쯤 오니, 마을 사람들이 길가에 죽 늘어서 있더구나. 이렇게 외치면서 말이다.

"이야! 이야! 이제 우리는 살았습니다. 장군님 오셨으니 살았습니다."

'이야'는 '이순신 아버지'라는 말이니 존경의 뜻이 담긴 말인데 사람들이 나를 그렇게 부르며 저마다 음식과 술병을 가져와 다투어 바쳤다. 받지 않겠다 해도 눈물을 흘리며 다시 바쳤다. 나 역시 자꾸만 눈물이 앞을 가렸다. 나는 '반드시 왜적을 물리쳐 이들의 눈물을 닦아 주겠다.'는 각오를 다지며 저녁 무렵 보성군 조성에 이르렀다.

당시 조성은 조양현으로 성안에 현청과 내아, 성안 마을이 있었다. 조양창은 세금으로 거둔 곡식을 보관하던 큰 창고였다.

성안 마을이 바로 '고내'다. 한자 '고(庫)'는 창고를 뜻하니, 창고 마을인 셈이다. 이 마을 뒤 낮은 언덕에 조양창이 있었다. 고내 마을 서쪽 청능 마을에도 조양현성 망대와 돌로 쌓았던 석성이 있었다.

내가 조양성에 왔을 때, 지키는 사람은 없었지만, 천만다행으로 조양창의 곡식 섬은 묶인 채 그대로 있었다. 그때 조양창에서 확보한 군량이 오곡으로 6백 섬이었으니 병사 6백 명이 1년 동

조양현성 조양창 터

안 먹을 식량이었다.

군량미를 넉넉하게 보관하고 있는 조양창을 군관 4명에게 지키게 하고, 나는 김안도 집에서 잤다. 그런데 갑자기 몸이 안 좋아져서 하루를 더 쉬었다. 그러면서 120여 명으로 늘어난 병사들에게 모처럼 음식을 배불리 먹였다. 참으로 오랜만에 허기졌던 배를 든든히 채웠을 거다.

또 배흥립과 머리를 맞대고 조양창에 있는 곡식을 옮길 계획 등 앞으로의 일을 의논했다. 장흥부사였던 배흥립은 1597년 7월 칠천량해전에서 지휘관을 보좌하는 조방장이었다. 전라우도 수군절도사 이억기, 충청도 수군절도사 최호가 전사하고 원균마저 사라진 함대를 지휘하며 적의 진격을 지연시킨 지혜롭고 용감한 장수였다.

그렇게 이틀을 지내고 나는 8월 11일 이곳 사람들이 박실이라고 하는 득량 박곡 마을 양산항의 집으로 거처를 옮겼다. 주인은 집에 없었지만 창고에 식량은 가득했다. 곧 집주인 양산항이 달려와 많은 도움을 받게 되었다.

그날 저녁, 송대립의 아우인 송희립 군관, 의병장 최대성이 함께 왔다. 송희립은 내가 가장 신임하는 군관으로 득량만 바다 건

너 고흥 과역 사람이고, 최대성은 득량의 이웃 마을 겸백 사람이다. 군례를 받자마자 나는 송희립, 최대성의 손을 힘껏 잡았다. 의병과 어선 100여 척을 동원할 수 있다는 최대성 말에 '이제 군량미를 바다로 실어 낼 수 있겠다'는 생각이 들었기 때문이다. 하늘이 최대성을 보내 나를 돕는구나 했다.

10. 아직 12척의 배가 있습니다
- 보성 열선루

이순신 장군이 들렀을 때, 창고에 곡식이 가득했던 양산항의 집터가 있는 득량 박실 마을입니다.

"할아버지! 이순신 장군이 여기 계실 때 많이 아프셨다지요?"

"한 달 넘게 옥에 갇혀 취조받았지, 어머님 장례도 제대로 못 치렀지, 수백 리 길을 걸었지. 사람 몸이 쇠가 아닌데, 누군들 견뎠겠느냐?"

세민이, 윤민이는 양산항의 집터가 올려다보이는 마을 앞

박실 양산항

연못가에서, 이순신 장군의 모습을 떠올렸습니다. 금세라도 연못으로 나올 것만 같았습니다.

"이순신 장군님이 꼭 이 연못가에 앉아 계시는 것 같아."

"누나! 나도 그래. 우리와 함께 계시는 것 같다."

세민이과 윤민이는 부레옥잠이 예쁜 꽃을 피운 연못을 한동안 물끄러미 바라보았습니다.

"자, 이제 보성읍에 있는 열선루로 가자. 가는 길에 최대성 장군을 뵙고."

박실 마을을 나오니, 최대성이 순절한 군머리가 눈앞입니다. 바로 최대성과 의병들이 왜군에 맞서 치열한 전투를 벌인 곳입니다.

군머리 사거리에서 득량면사무소 쪽으로 조금 가니, 최대성의 사당인 충절사가 있었습니다. 참배를 마치고 할아버지가 저 멀리 보이는 산을 가리켰습니다.

"저기 보이는 산이 초암산인데, 산 중턱에 깊이 20m쯤 되는 굴이 있다."

그 굴은 최대성의 여동생인 경주 최씨가 마을 여성들을 이끌고 오백 명 의병들 군복을 만든 곳입니다. 경주 최씨는 왜군 조총 총알이 뚫지 못하게 군복에 솜을 두툼하게 넣었다고 합니다.

"누나! 나, 그 굴 이름 알겠다."

"뭔데?"

"베틀굴! 베를 짠 굴이잖아? 그러니 베틀굴이겠지."

"맞다. 사람들이 그 굴을 베틀굴이라고 한다."

"야! 우리 윤민이 알아줘야겠는데……."

누나와 할아버지 칭찬에 윤민이는 어깨를 으쓱 추켜세웠습니다.

보성읍으로 가려면 '안치'라는 기럭재를 넘어야 합니다. 기다랗게 이어지는 오르막이 무척 가파릅니다. 천천히 걸으니 어느새 고갯마루입니다. 지금까지 지나온 곳이 훤히 내려다보입니다. 우리 후손들 삶터인 저 산자락과 들녘을 지키려고 의병들은 목숨을 아끼지 않고 왜적과 싸웠습니다. 그 생각에 절로 고개가 숙어졌습니다.

안치라는 마을이 고개 옆에 있습니다.

"저기 큰 건물이 보이는 곳이 보성읍이다."

"할아버지! 우리가 가 볼 열선루가 복원됐지요. 어제 인터넷으로 찾아봤거든요."

"잘한 일이다. 사라진 역사를 복원했으니, 앞으로는 잘 지키고 보존해야지."

열선루는 이순신 장군이 선조 임금께 "신에게는 아직 12척의 배가 있습니다." 하고 장계를 올린 곳입니다.

"누나! 불행 중 다행이었어. 함선 12척! 그렇지?"

"그러게. 그 12척이 없었다면, 지금 우린 어떻게 살고 있을까?"

보성 열선루

"맞다. 그 함선 12척이 조선의 운명을 바꾸었다. 물론 지금의 우리 운명도 바꾸었고."

세 사람은 조선 수군의 마지막 함선 12척을 애타게 기다리는 이순신 장군의 모습을 떠올리며 이야기를 나누었습니다.

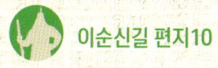

사랑하는 아이들아!

오늘은 보성과 열선루 이야기를 해 주마.

내가 다시 삼도수군통제사가 되었지만, 수군도, 함선도, 무기도, 군량미도 없었던 건 알고 있을 거다. 마음은 급하고 답답했지만, 바다로 나갈 준비에 시일이 필요했다. 그래서 그동안 구례와 곡성, 옥과에서 수군을, 순천에서 무기를, 이곳 보성에서는 군량미를 얻었다.

보성 득량은 내가 '군량미를 얻은 곳'이라는 뜻이 담긴 지명이라더구나. 그리고 당시 무엇보다 필요한 건 전투에 나설 함선과 군수 물자를 싣고 갈 수송선이었다.

수송선은 최대성 의병장이 해결했으니, 이제 남은 문제는 전투에 나설 함선이었다.

그러니까 지난 칠천량해전 때였다. 경상우수사 배설은 수군통제사 원균의 명령을 어기고 도망쳐 자신이 지휘하던 함선 12척을 몰래 숨겼다. 배설은 군령대로 하면 사형에 처해질 만큼 무거

10. 아직 12척의 배가 있습니다   97

운 죄인 전쟁터에서 도망치는 죄를 지었지만, 12척의 배를 남긴 것이다.

나는 백의종군 중이던 7월 22일 배설에게서 직접 이야기를 듣고, 그나마 다행이라고 스스로 위로했었다. 나는 곧장 함선을 가져오라고 했다. 그런데 함선이 오지 않기에 알아보니, 배설이 왜선을 피해 어디론가 숨어 버렸다고 했다. 나는 짐작이 가는 곳으로 정탐 군관을 여럿 보냈다. 마침내 득량에서 함선이 있는 곳을 알게 되어 보성 군영구미로 가져오라고 군령을 내렸다.

이곳 보성의 득량만은 고흥반도가 큰 바다를 가려 주는 곳이다. 너른 모래밭의 율포 백사장과 명교 해변, 물이 깊고 잔잔한 포구인 선소와 군영구미가 이웃하여 있어 큰 함선인 판옥선을 대기에 좋았다.

선소, 율포, 명교, 군영구미는 나란히 이웃하는 포구이고, 물이 깊고 잔잔하여 배를 대기에 좋았다. 그리고 조선 시대에 수군 만호진을 구미 마을에 설치하고 함선이 정박하였기에 군영구미라 했다.

배설의 함선이 돌아오기만 기다리고 있던 1597년 8월 14일. 추석 명절을 하루 앞둔 날이었지만, 코앞에 왜적이 있는지라, 사람

보기가 힘들었다. 날도 궂어 달도 볼 수 없었다. 나는 오후에 박실 마을을 나와 텅텅 빈 성안으로 들어갔다. 열선루에 올라 보성군수 반혼과 어사 임몽정을 만나고 그곳에서 잤다.

다음 날에도 종일 비가 오락가락하다가 저녁나절에야 개었다. 대보름달이 둥실 떠올라 열선루를 비췄다. 나는 선조 임금의 편지를 갖고 온 선전관 박전봉을 만났다. 선조 임금의 편지에는 하늘이 무너지는 내용이 쓰여 있었다. "수군을 폐지하고 육지에 올라 도원수 권율을 도우라."는 것이다.

나는 선조 임금께 장계를 올렸다.

"신에게는 아직 12척의 배가 있습니다(今臣戰船 尙有十二)."

배설이 숨겨 놓은 함선 12척으로 왜군과 싸우겠다는 장계였다. 그리고 배설이 가져올 함선을 목이 빠지게 기다렸다.

참, 8월 11일 박실에 있는 나를 찾아온 최대성 이야기를 깜빡했구나. 의병장 최대성은 1585년, 32세에 무과에 급제, 정삼품 '훈련원정'이 되었다. 1592년 왜가 쳐들어오자, 전라좌수영으로 나를 찾아와 군관이 되어 왜적과 맞서 싸웠다. 그리고 고향으로 돌아갔다가 정유재란이 일어나자 5백여 명의 의병을 모아 보성 해안을 지키며 왜적을 막고 있었다.

내가 보성에서 8일을 머문 뒤, 장흥 회진으로 갈 무렵, 최대성은 보성 의병 5백여 명을 이끌고 조양포로 가서 조양창에 있던 6백 섬 군량미를 어선 백여 척에 실어 군영구미로 옮겼다. 자신이 모은 곡식과 박실 양산항 집 곳간의 곡식도 군영구미로 옮겼다.

이듬해인 1598년 6월, '예진포(지금의 득량면 예당)'로 왜선이 쳐들어왔다. 최대성이 황급히 쫓아가 보니, 왜병이 이미 득량 성적골까지 와 있었다. 최대성은 맨 앞에서 왜적을 쫓다가 그만 총탄에 맞았다. 그리고 그날 두 아들과 함께 순절했다. 지금 이름 군머리는 군대의 우두머리가 전사한 곳이라는 뜻이란다. 결코, 잊어선 안 될 역사이고 되풀이되어서도 안 될 일이다.

11. 다시 바다로 나가다
- 보성 회천

"누나! 조양창 갈 때 할아버지께서 '이순신 장군의 기분이 꼭 좋지만은 않았다.'고 하셨지. 왜 그러셨는지 이제 알겠어."

"야! 갈수록 윤민이가 똑똑해지는걸. 그래, 그게 뭔데?"

"모두 왜적을 무서워하니, 장군님도 무서우셨을 거야. 병사도, 무기도, 군량미도, 함선도 없는데, 무섭지 않으셨겠어? 하지만 무섭다는 말을 누구에게 하겠어? 참 외롭고 힘드셨을 거야."

"그래. 네 생각에 한 표를 던진다. 공감! 그리고 나도 생각

회천 군학 마을 군영구미 포구

해 봤거든."

"뭔데?"

"장군님이 박실에 계시던 13일, 군령을 받고 온 이몽구가 전라우수영에서 군수품을 하나도 가져오지 않아 크게 벌을 주셨지. 이몽구는 수군의 두 번째 책임자인 우후로 용맹하고 성실해서 믿었던 부하였거든. 또 하동 현감 신진이 와서 8월 3일 이순신 장군이 진주를 떠난 뒤, 정개산성과 벽견산성이 무너졌다고 했지. 《난중일기》를 읽으며 나도 마음이 몹시 아팠어…….”

　세민이, 윤민이 얘길 들으며 할아버지는 빙그레 웃기만 했습니다. 이순신 장군이 수군재건길에서 가장 기쁜 소식을 들은 곳도 득량 박실이라는 말을 해 주려다 꾹 참았습니다. 그것도 스스로 깨달았으면 했기 때문입니다.

　이윽고 보성읍에 이르러 열선루에 갔다가 '방진관'이라는 곳도 들렀습니다. 방진관은 이순신 장군의 장인으로 1537년에 보성군수를 지낸 방진의 기념관입니다.

　다 둘러보고 군영구미가 있는 회천으로 가는 길입니다.

　"누나, 또 생각났어."

　"뭐가?"

　"이순신 장군이 수군재건길에서 가장 기뻤던 곳이 바로 득량 박실이야."

　"왜?"

　"함선 12척이 있는 곳을 아셨잖아. 마침내 함선이 생겼으니, 얼마나 기쁘셨겠어."

　"그렇구나. 윤민이가 갈수록 똑똑해지네."

　"그런데 할아버지 궁금해요."

"뭐가?"

"아까 방진관에서 들었는데요, 이순신 장군의 부인이 어릴 적에 보성에서 살았나요?"

윤민이 말에 궁금했던 세민이도 고개를 갸우뚱했습니다.

"방진이라는 사람은 왜가 쳐들어오기 훨씬 전에 보성군수를 지냈다. 그리고 딸인 방씨 부인은 이곳에서 태어나지도 살지도 않았다. 참, 세민아! 8월 16일 《난중일기》에 '아침에 보성군수와 군관 등을 굴암으로 보내어 도피한 관리들을 찾아오게 했다.'라는 구절이 기억나느냐?"

"예! 생각나요."

"그 굴암이 어딘 줄 아느냐?"

할아버지의 물음에 윤민이가 화다닥 끼어들어 저만큼 보이는 바위를 가리켰습니다.

"잠깐! 할아버지, 저기 보이는 봉우리가 굴암이지요?"

"그렇다. 그런데 어찌 알았지?"

"히히히! 인터넷으로 찾았지요."

"맞다. 관리들이 저 칼바위에 숨어 있다가 이순신 장군 명령에 따라 모두 내려왔다."

칼바위

　이야길 나누며 세 사람은 비봉 공룡공원, 굴강 유적이 있는 선소 포구를 지났습니다. 어느덧 백사정이 있는 회천 율포항입니다.
　불어오는 바닷바람을 두 팔 벌려 가슴 가득 맞이하던 세민이가 문득 걸음을 멈춥니다.
　"할아버지! 이순신 장군을 모신 군관이나 병사 중 누가 가장 큰 공을 세웠을까요?"
　"딱 누구라고 할 순 없지. 군관, 수군 병사, 격군, 의병 수군이 된 피난민, 식량과 군수 물자를 내놓은 사람들, 피난선의 백성들까지 모두 다 큰 공을 세웠으니까."

"그래도 딱 한 사람을 꼽는다면요."

"좋다. 꼭 한 사람만 꼽으라면, 할아버지는 송희립 장군을 꼽고 싶다."

"알았어요. 제가 송희립 장군에 대해 알아보고 얘기할게요."

세 사람의 발걸음은 어느덧 군학 마을에 이르렀습니다.

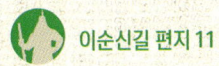 이순신길 편지 11

사랑하는 아이들아!

오늘은 보성 회천의 군영구미에서 장흥 회진의 회령성으로 가던 이야기를 해 주마.

나는 보성에 8월 9일에 와서 16일까지 머물렀다. 그동안 군량미를 얻고, 장계를 한양으로 7통이나 보냈으며 여러 사람을 만났다. 하지만 12척 함선의 행방을 알지 못해 애가 탔다.

그러던 8월 12일이다. 양산항의 집에서 오봉산과 칼바위, 득량만 바다를 보고 있는데, 거제현령 안위와 발포만호성의 소계남이 와서 군례를 올리며 기쁜 소식을 알렸다.

"장군님! 배설의 함선 12척이 진도 벽파진에 있습니다."

마침내 때가 된 것이다. 나는 곧 이곳으로 함선을 옮기라고 엄히 군령을 내리고 조양창과 박곡의 군량미도 군영구미로 실어 나르라고 했다.

잠시 나의 아내인 방 씨 부인에 대해 이야기해 주마. 방 씨는 보성군수를 지낸 방진의 딸이다. 방진은 22세 때인 1535년 무과

11. 다시 바다로 나가다   107

에 합격하여 제주현감, 2년 뒤인 1537년에는 보성군수를 지냈다. 그 뒤, 고향인 충청도 온양에서 딸을 낳았으니, 그가 바로 방씨 부인이다.

방 씨가 열두 살 무렵의 일이다. 온양 집으로 화적 떼가 몰려왔고, "도적이야!" 하고 외치는 소리에 아버지 방진이 활을 들고 화살을 찾았는데 화살이 보이지 않았다.

그러자 소녀 방 씨가 길쌈할 때 쓰는 대나무 뱁댕이 묶음을 가져와 '와르르' 소리 나게 대청마루에 쏟았다. 방진의 귀신같은 활 솜씨를 아는 화적 떼는 뱁댕이를 화살이라 여기고 "걸음아, 날 살려라." 하고 도망쳤다. 소녀 방 씨의 슬기롭고 침착한 행동으로 위기를 모면한 셈이다. 방 씨가 열아홉 살 때인 1565년, 당시 영의정인 이준경이 중매를 서 나와 혼례를 치렀다. 방진은 사위인 나와 함께 선조 때의 조선 8대 명궁으로 꼽힌단다.

보성을 떠나던 날이다. 굴암은 보성 득량 오봉산 자락 바다 쪽에 있는 봉우리다. 멀리서 보면 칼처럼 날카로운 바위가 우뚝 서 있어 칼바위라고도 한다. 가파른 절벽 아래에 있는 널따란 동굴은 100명도 넘는 사람들이 앉을 만큼 널찍하다고 한다. 나는 그 굴암에 숨어 있던 보성의 관리들을 불러와 수군에 편입시

졌다.

칼바위에서 구르듯 내려서면 선소 포구다. 이곳에 함선을 수리하던 조선 시대의 선착장 시설인 굴강이 있었다. 나는 배를 타기 전 회천 율포 산기슭에 있는 백사정에서 쉬었는데 너른 모래밭, 우거진 솔숲이 푸른 바다와 어울려 경치가 아름다운 곳이었다. 또 이곳에서 서쪽으로 가면 명교 마을이 나오고, 조금 더 가면 내가 보성에서 마지막으로 머문 군영구미(지금의 군학 마을)이 있다.

회천 율포 백사정

당시 군영구미는 언제 들이닥칠지 모르는 왜병 때문에 사람 그림자를 보기 힘들었다. 하지만 1597년 8월 17일에는 120여 명의 수군, 군량미를 가득 실은 백여 척의 배와 격군, 바다를 떠돌다 소식을 듣고 온 150여 척 피난선으로 장터처럼 북적였다.

그날 나는 보성 병기고의 무기를 4마리 말에 나눠 싣고 백사정에 들렀다가, 군영구미로 왔다. 함선의 수군들, 보급선과 격군들, 피난민들이 '이제 살았구나' 하는 눈빛으로 나를 맞이했다. 그리고 '어기어차!' 힘차게 배를 몰아 장흥 회진에 있는 회령성으로 갔다.

12. 수군 재건을 마무리하다
- 장흥 회령진성

"오늘은 배를 타고 간다."
"야! 신난다. 만세!"

할아버지 말씀에 세민이, 윤민이는 두 팔을 번쩍 들고, 만세에 수박치기, 엉덩이춤까지 췄습니다.

배를 탈 율포항으로 가면서 보니 바다는 잔잔했습니다. 아침 햇살이 잔물결에 부서져 빛납니다. 눈부신 보석 알갱이였습니다.

여름 방학을 하자마자 세민이, 윤민이는 전라남도 해남의

득량도

할아버지 댁에 왔습니다. 그리고 이순신 장군의 수군재건길을 걸었습니다. 구례에서 시작해 곡성, 옥과, 순천을 거쳐 보성에 왔습니다.

보성 회천의 군영구미는 8월 17일 이순신 장군이 배를 타고 바다로 나간 곳입니다. 세 사람도 배를 타고 그 뒤를 따라갈 겁니다. 그 생각에 배를 타러 가는 발걸음이 마치 갈매기가 바다 위를 나는 듯 가벼웠습니다.

이윽고 《난중일기》에 백사정으로 나오는 율포항에서 배에

올랐습니다. 배는 통통거리며 이내 오봉산 칼바위봉을 아득하게 밀쳐 냅니다. 득량만 바다 위를 미끄러지듯 서쪽으로 갑니다. 명교, 군학 마을이 등 뒤로 멀어집니다. 득량만을 지키는 섬 득량도를 가운데 두고 남쪽은 고흥, 북쪽은 장흥 땅입니다.

"세민아! 송희립 장군에 대해선 알아봤느냐?"

"예!"

산들바람에 파도마저 잠잠하여 큰 목소리가 아니어도 됐습니다. 세민이가 어젯밤에 조사한 송희립 장군 이야기를 합니다.

송희립 장군이 바로 이 득량만 바다에서 보이는 고흥에서 태어나, 1583년 무과에 급제한 이야기, 왜가 쳐들어오기 1년 전인 1591년에 이순신 장군의 직속 군관이 된 이야기입니다.

윤민이와 할아버지는 배를 따라오는 갈매기를 보며 이야기를 듣습니다.

"야! 우리 누나! 대단한데."

"참 잘했다."

윤민과 할아버지 칭찬에 세민이는 활짝 웃었습니다.

"참, 할아버지! 이순신 장군이 '한산도가'를 어디서 썼지요? 열선루는 한산섬이 아닌데……."

"맞다. 학교에서는 한산섬에서 쓰셨다고 배웠거든요."

유민이 말에 세민이도 고개를 갸웃거렸습니다.

"그 '한산도가' 이야긴 어디서 들었지?"

"어제 보성 방진관에서요."

"하하하! 그랬구나. 아무튼, 두 '한산도가'는 다 나라와 백성을 걱정하는 마음으로 쓰셨다. 그러니 어디서 썼느냐가 무슨 상관이겠냐?"

할아버지는 이순신 장군이 한산도와 열선루 두 곳에서 쓴 '한산도가'는 내용도 크게 다르지 않다고 했습니다.

어느덧 배는 회진 앞바다입니다. 회진 앞바다를 지키는 섬 노력도를 지나니 뱃전에 부딪히는 파도 소리도 잔잔합니다.

"야! 회령성이다."

"이순신 장군이 함선 12척을 얻어 당당히 수군 재건을 마무리한 곳이다."

회진항에 배를 대고 세 사람은 걸음도 가뿐하게 곧장 회령성으로 올라갔습니다. 회령성은 조선 시대 초기에 왜구를 물

회령성

리치기 위해 수군 만호진을 설치하고 돌로 쌓은 성입니다. 지금은 616m의 성벽과 동문 터가 남아 있는데, 성에 오르면 뒤로는 아름다운 천관산이, 앞으로는 남해의 푸른 바다가 한눈에 보입니다.

　회령성을 둘러보고 세 사람은 다시 이순신 장군의 바다로 나갔습니다.

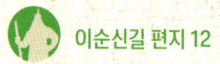 이순신길 편지 12

사랑하는 아이들아!

오늘은 너희가 궁금하게 생각하는 일에 관해 이야기해 주마.

먼저 송희립이다. 송희립은 나대용, 정걸 등과 함께 임진왜란 이전부터 거북선 만들기, 수군 훈련 등의 중책을 맡았던 내 곁의 가장 가까운 군관들로, 왜적이 쳐들어오자, 뛰어난 지략과 용맹으로 싸운 뛰어난 장수였다.

1598년 11월 19일 노량해전에서 왜선에 포위된 명나라 진린 도독을 구출할 때, 송희립이 그만 총탄에 맞아 쓰러졌다. 깜짝 놀라 송희립을 일으키려던 나도 총탄에 맞았다. 나는 "싸움이 한창 급하니, 내가 죽었다는 말을 하지 말라."고 했다.

내가 쓰러지자, 잠시 기절했던 송희립이 벌떡 일어나 주위 군관들을 시켜 내 아들과 조카들의 울음을 막고, 나의 시신을 옷과 섬거적으로 가렸다. 그리고 내 갑옷으로 갈아입고 기와 북채를 들고 마치 호랑이가 울부짖듯 우렁차게 함대를 이끌어 왜선 2백여 척을 쳐부수고 노량해전을 승리로 이끌었다. 또 내 곁에서 온갖 궂은일을 도맡아 하던 송대립은 송희립의 맏형이고, 역시 5월 6일 백의종군 중인 날 찾아와 군례를 올린 송정립은 동생이니, 이들은 조선 7년 전쟁의 3형제 영웅이라 할 것이다.

또 내가 보성 열선루에서 선전관 박천봉에게 '수군을 폐지하라'는 선조 임금의 편지를 받은 날, 나는 임금의 명령을 따를 수 없었다. 수군이 없으면 어찌 바다를 통해 한양으로 가는 왜적을 막을 수 있단 말인가? 그래서 나는 수군 폐지에 반대하는 장계를 올리고 피로운 마음으로 홀로 앉아 있으니, '열선루'는 마치 '추운 바다의 외로운 섬' 같았다.

나는 창자가 끊어지는 듯한 그 아픔을 시로 썼다. 그 시가 바로 '한산도가(寒山島歌)'다. 1595년에도 경상도 통영과 거제도 사이에 있는 '한산섬'에서 '한산도가(閑山島歌)'를 쓴 바 있다. 하지만 열선루에서 쓴 시는 찰 한(寒) 자를 썼다. 그때 '열선루'는 나에게는 '춥고 외로운 섬'이었기 때문이다.

그리고 나는 군영구미로 가는 길에 회천의 백사정에 들렀는데, 백사정 주인 정경달을 만나기 위해서였다. 정경달은 1570년 문과에 급제하여 1592년 선산군수일 때 왜적을 크게 무찌른 사람으로, 1594년에 나의 종사관이 되어 수군의 살림살이를 도맡

앉다. 1597년 내가 옥에 갇혔을 때, 정경달은 선조 임금에게 "이순신의 애국심과 적을 막아 내는 재주는 일찍이 그 예를 찾을 수 없습니다. 이 사람을 죽이면 나라가 망하겠으니 어찌하겠습니까." 하고 석방을 강력히 주장했다.

나는 1년여 전인 1596년 8월 20일에 백사정으로 정경달을 찾아와 점심을 같이 먹었던 생각이 나서 이날도 백사정에 잠깐 들러 '이때 함께 있었으면······.' 하고 몹시 아쉬워했다.

한편 배설은 함선 12척을 이끌고 군영구미가 아닌 회진항에 있었다. 경상우수사인 배설이 전라도 지리에 어두워 회진을 군영구미로 착각한 것이다. 회진은 고려 때 원나라가 왜를 정벌할 함선을 짓고 바다로 나간 곳이다. 배를 짓고 수리하는 뛰어난 목수가 많고, 고을을 품는 천관산에는 품질 좋은 목재가 풍부했다. 덕분에 회진에서 함선 12척을 수리하고, 배를 만들고 수리하는 목수들도 얻을 수 있었다.

또 회진의 회령성 아랫마을에는 나의 종사관이던 정경달의 둘째 동생 정경영이 살고 있었다. 나는 회령성에서 이틀만 머물고 떠났지만, 정경달, 정경영과 그 후손은 대대로 회령성을 지키며 살았다.

13. 명량해전을 준비하다
- 해남 어란진, 진도 벽파진

"이제 이순신 장군이 나가셨던 너른 바다란다."

세 사람이 탄 배는 회진항을 나와 미끄러지듯 파도를 가릅니다. 그렇게 득량만을 벗어나니 섬들이 보석처럼 박혀 있는 너른 바다입니다.

"이제 이진항, 어란진항, 벽파진항을 거쳐 명량대첩지인 우수영으로 가지요?"

"맞다. 8월 20일 회령성을 나온 이순신 장군의 수군은 해남의 이진항을 지나 8월 24일에는 어란진항, 8월 29일에는 벽

묘당도 충무사

파진, 그리고 9월 15일에는 우수영으로 옮겨 갔다. 우리도 그 길을 따라가자. 아! 그런데 먼저 들를 곳이 있다."

"어딜요?"

"1598년 노량해전에서 순절하신 이순신 장군의 시신을 처음 모신 묘당도다."

"아! 맞다. 묘당도에 장군 시신을 모신 가묘 터 '월송대'와 사당인 '충무사'가 있다."

세 사람은 묘당도 선착장에 배를 댔습니다.

"이순신 장군 시신은 1598년 11월 19일 노량해전 뒤 한산도를 거쳐 83일 동안 이곳에 계시다가 이듬해에 충남 아산의 금성산으로 옮겨졌다. 그 뒤 1614년에 지금의 어라산으로 옮겼지."

다음으로 찾아간 곳은 해남 이진 포구입니다.

"할아버지! 궁금한 게 있어요. 명량대첩 때 왜선을 침몰시킨 쇠줄이 정말 있었어요?"

"하하하! 할아버지도 어릴 적에 그게 참 궁금했었다. 어느

이순신 장군의 시신을 처음 모신 묘당도 월송대

13. 명량해전을 준비하다

날 아버님을 따라 울돌목에 갔었는데 바닷가 바위에 큰 구멍이 있더구나. 아버님은 '이충무 설삭 살왜처'(李忠武設索殺倭處), 즉 명량대첩 때 이순신 장군이 '철삭'이라는 쇠줄을 걸었던 자리라 하셨다."

"할아버지! 저는 이순신 장군 쇠줄이 정말 있었던 걸로 믿어요."

"저도요! 할아버지!"

"암! 그렇지. 하지만 사실이냐 아니냐가 중요한 게 아니다.

이진성

벽파진

힘을 모아 왜적을 물리친 게 더 중요하다. 그 쇠줄은 우리 마음에 영원히 간직할 자랑스러운 유물이다."

이야기를 나누는데 어느새 이진 포구입니다. 이진 포구는 배에서 바라만 보았습니다. 배는 다시 8월 24일 진을 옮긴 해남 어란진으로 갔습니다.

어란진항은 남해와 서해의 길목을 지키는 항구입니다. 세 사람은 이곳에서 점심을 먹었습니다.

"할아버지! 여기 어란진항에는 어떤 유적이 있어요?"

"이곳은 이순신 장군이 다시 삼도수군통제사가 되어 처음으로 왜선을 물리친 해전이 있었던 곳이다. 그리고 어란 여인의 전설이 있는 여낭터가 있지."

"어란 여인 전설의 여낭터요?"

"하하하! 그렇잖아도 어란 여인을 기리는 여낭터를 가 보려 했다."

세 사람은 어란 여인을 모신 여낭터로 갔습니다. 여낭터는 명량대첩을 앞두고 우리 군에 왜선의 출정 일을 알려 준 여인인 '어란'이 묻힌 곳입니다.

여낭터를 보고 내려와 배를 타자, 또 윤민이가 여쭙니다.

"할아버지! 또 궁금해요. 수군들은 배에서 어떻게 밥을 지었을까요?"

"하하하! 육지라면 모를까, 배에서는 밥을 지을 수 없었다. 그래서 배에서는 쪄서 말린 곡식을 먹고, 육지로 올라가면 허리춤에 차고 있던 곡식을 표주박에 담고 물을 부어 불려서 먹었다. 간장에 졸인 헝겊 조각을 휘휘 저어서 간을 맞췄다. 그래서 수군들은 각자 표주박과 간장에 졸인 헝겊을 항시 지니고 다녔단다."

벽파진 대첩비

"으, 맛, 되게 없었겠다."

"그 되게 맛없는 밥을 먹으며 지켜 온 나라이니, 그분들께 고마워해야 한다."

이야기를 나누는 동안 어란진항이 저만큼 멀어집니다. 그리고 진도의 뭇 섬들이 가까이 다가옵니다.

이제 남해를 벗어나 어느덧 서해로 들어선 것입니다. 세 사람이 탄 배는 넘실대는 푸른 파도를 가르고, 이순신 장군이 명량대첩 전에 진을 쳤던 진도 벽파진항은 눈앞으로 다가옵

강강술래 터 옥매산과 육지가 된 장도와 피섬

니다.

"벽파진 건너편에 있는 장도는 1597년 8월 27일, 갑자기 나타난 왜선 8척을 이순신 장군이 해남 갈두까지 쫓아 버리고, 잠시 머문 곳이다."

하지만 왜병의 피로 물든 피섬, 이순신 장군이 머문 노루섬 장도는 제방을 쌓아 간척지가 되었습니다. 그러면서 섬의 모습을 잃고 육지가 되었습니다.

세 사람이 탄 배는 서서히 속도를 줄여 벽파진항 선착장으로 다가갑니다.

"벽파진은 이순신 장군이 우수영으로 가기 전에 머문 곳이지요?"

"그렇다. 이곳은 나라의 운명을 건 명량해전을 눈앞에 두고 머물렀던 곳이다."

철썩철썩 파도가 뱃전을 때립니다. 끼룩끼룩 갈매기가 배를 맴돕니다.

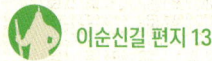 이순신길 편지 13

사랑하는 아이들아!

오늘은 명량해전을 앞두고 있던 때의 이야길 해 주마.

나와 우리 수군은 벽파진에서 8월 29일부터 9월 14일까지 머물렀다. 9월 7일, 한밤중에 왜선 55척, 이를 호위하는 왜선 13척이 서쪽으로 이동하고 있었다. 기다리고 있던 우리 수군의 공격

울돌목의 이충무 설삭 살왜처 쇠사슬감기틀

에 왜선은 전투를 포기하고 황급히 도망을 쳤다. 지난 8월 27일의 어란포해전에 이어 이곳 벽파진에서도 왜선을 물리친 것이다. 이 전투는 내가 삼도수군통제사로 복귀하여 두 번째 치른 해전이다.

이 전투로 왜군은 조선 수군의 함선이 13척에 불과하다는 것을 알게 되었다. 또 그동안 긴가민가하고 있었는데, 내가 함대를 지휘하고 있음도 알게 되었다. 그런데 사실 이날 전투는 왜가 우리 수군의 13척 함선을 얕보고 울돌목까지 오도록 하기 위해 내가 일으킨 전투였다.

나는 전투를 앞두고 빈틈없이 치밀하게 전략 전술을 세웠다. 적의 상태와 전투지의 실태를 정확히 꿰뚫어 살피고, 함선의 배치와 운용 계획을 짰다. "나를 알고 적을 알라"는 병법의 가르침을 명심했다. 또 정탐 군관을 잘 활용했다. 송대립 군관 등 내가 믿고 신뢰하는 정탐 군관이 여럿이었지만, 벽파진에서 크게 활약한 정탐 군관은 임중형과 임준영이다. 8월 27일 해전은 임준영이, 9월 7일 해전은 임중형이 왜선의 움직임을 미리 정탐하여 작전을 펼칠 수 있었다. 23전 23승이라는, 세계 해전사에 없는 승전 기록은 그렇게 이루어졌다.

14. 조선을 지킨 명량대첩
- 해남 울돌목

   세 사람이 탄 배는 이순신 장군이 8월 29일부터 9월 15일까지 머문 벽파진항을 나옵니다. 울돌목이 가까워지며 바다 물살이 점차 거세집니다.
   "이제 곧 우수영이다. 울돌목이 아직인데도 파도가 거세지는구나."
   "할아버지! 가슴이 떨려요. 마치 지금 왜선과 전투하러 가는 듯해요."
   "저도요."

우수영 이순신 동상

"그렇다면 이순신 장군처럼 당당히 서서 바다를 봐라! 오늘 우리도 이순신 장군처럼 어떤 적이라도 용감히 물리치자!"

"예! 할아버지! 참, 아니지. 예! 장군님!"

할아버지 말씀에 윤민이가 거수경례를 척 붙이며 씩씩하게 대답했습니다. 세민이는 그 모습이 우스웠지만, 꾹 참고 웃지 않았습니다.

"자, 봐라. 이제 돌이 운다는 그 울돌목이다. 그동안 지나온 바다와는 사뭇 다르지? 물때를 맞춰 왔는데도 이렇게 물살이 휘몰아치듯 거세구나."

세 사람이 탄 배는 이제 이순신 장군 수군재건길의 마지막 여정인 우수영항으로 들어갑니다. 따가운 여름 햇살을 시원한 바닷바람이 씻어 갑니다.

"할아버지! 저기 쌍둥이 다리예요!"

해남 문내면과 진도 군내면을 이어 주는 연륙교인 진도대교는 두 개입니다. 쌍둥이 다리라고도 부릅니다. 어느덧 세 사람이 탄 배는 울돌목을 빠져나와 우수영항에 닻을 내렸습니다.

"할아버지! 이제 이순신길 끝이지요?"

"그동안 걷느라 힘들었을 텐데도, 아쉬운 마음이 드는가 보구나."

"예! 너무 아쉬워요. 이순신 장군의 백의종군길도 걷고 싶어요."

"하하하! 그것참, 듣기 좋은 소리다. 아무튼, 아직은 끝이 아니다. 이제 이곳의 이순신 장군 유적지를 마저 둘러봐야 하지 않겠느냐?"

"좋아요. 할아버지 댁에 올 때마다 여기저기 가 보긴 했지만, 이번엔 한꺼번에 다 봐요."

"아무렴, 그래야 이순신길을 제대로 마무리하는 거지. 아무튼, 오늘은 집에 가서 푹 쉬자."

"예! 좋아요. 할아버지, 고맙습니다."

세민이와 윤민이는 쏜살같이 달려들어 할아버지를 힘껏 부둥켜안았습니다. 두 손주가 품 안으로 달려드는 바람에 하마터면 휘청, 자빠질 뻔했던 할아버지는 한 손은 세민이, 한 손은 윤민이를 잡고 걸으며 나직이 말했습니다.

"어느 시대든 그 시대의 하느님이 계신다 했다. 백성들과 고통을 함께 이겨 냈고, 백성들은 "이야."라고 부르며 믿고 의지했으니 이순신 장군은 하느님 같은 분이시다. 장군의 백성 사랑, 나라 사랑으로 오늘의 우리가 있음을 잊지 말자."

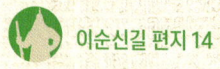

사랑하는 아이들아!

오늘은 명량대첩 이야기를 해 주마.

1597년 9월, 자주 나타나는 왜선 때문에 나와 우리 조선 수군은 긴장의 끈을 놓을 수가 없었다. 그래서 날마다 왜선의 동향을 살피며 전투 계획을 치밀하게 다듬고 있었다.

9월 14일, 벽파진 맞은편의 옥매산에서 연기가 오르자 곧 정탐선인 협선을 보내 임준영을 실어 왔다. 임준영에게 "왜선 200여 척 가운데 55척이 어란 앞바다에 왔다.", "왜병들이 조선 수군을 쓸어 버리고 한양으로 올라간다고 했다."라는 보고를 받고 곧장 군령을 내렸다.

"우수영의 모든 주민은 곧 피신하라고 해라."

나는 군령을 전달할 전령선을 보내고, 모든 장수들을 불러 모아 훈시했다.

"죽으려 하면 살고 살려고 하면 죽는다."

"한 사람이 길을 지키면 천 사람을 두렵게 할 수 있다. 너희는 살려는 생각을 말라."

　나는 장수들과 함께 반드시 왜를 물리치겠다는 각오를 다졌다. 그리고 삼도수군통제사 진을 벽파진에서 우수영으로 옮겼다.
　당시 우리 조선 수군의 함선은 13척이었다. 회진을 나올 땐 12척이었지만, 전라우수영에 한 척이 더 있었다. 함선 한 척에는 130여 명의 수군이 탔다. 따라서 당시 우리 조선 수군은 1천7백 명쯤 되었다. 또 격군 3명이 타고 정탐과 전령을 전하며 전투를 돕는 협선이 32척이었다. 그리고 피난민 배가 백여 척이었는데 이들은 전투는 어렵지만, 왜적에게는 큰 위협이 되었다.
　생각해 보면 8월 3일 빈손으로 수군 재건에 나서 40여 일 만에 군량과 무기와 수군과 함대가 만들어졌으니 실로 꿈만 같은 일이다. 다만 한 가지 분명한 것은 이는 모두 수군재건길에서 만난 백성들의 힘이었다는 것이다.
　마침내 운명의 날, 9월 16일이 밝았다. 바다를 살펴보니 왜선 330여 척이 시커멓게 바다를 메우고 있었다. 그 왜선들도 울돌목 물길이 좁고 물살이 험한 줄을 알았다. 그래서 앞장선 왜선은 우리 조선의 함선인 판옥선보다 작지만 가볍고 날랜 세키부네 133척이었다.

14. 조선을 지킨 명량대첩

노 40개에 격군 40여 명, 조총병 20명과 전투병 10명 등 모두 70여 명이 탄 세키부네 31척이 먼저 우리 함선 13척을 에워싸고 공격했다. 세키부네에는 우리 함선에 실은 천자·지자·현자·황자 총통을 싣지 못한 상태였다. 이 네 총통은 화약 포탄을 발사하는 화포로 그 크기와 사용하는 화약의 양, 발사 거리에 따라 이름을 붙였다. 거북선에 실은 화포는 그중 가장 큰 천자총통이었으며 30kg 정도의 포탄이 960m를 불화살처럼 날아갔다.

　1차 전투는 울돌목 물길이 왜선에게 유리하게 흘렀다. 하지만 우리는 함선을 일자로 펼치고 달려드는 왜선에 조금도 밀리지 않고 잘 막아 냈다. 그러나 거센 물살을 이기지 못한 다른 함선들이 뒤로 밀려나는 바람에 내가 탄 함선만 덜렁 왜선과 맞서게 되었다. 위험한 순간이었다. 멀리서 지켜보던 백성들, 뒤처진 함선의 병사들이 마음을 졸일 때였다. 나는 수군들을 독려하여 한층 가열차게 적을 몰아붙이며 침착하게 울돌목의 물길이 바뀌기만 기다렸다.

　마침내 물길이 바뀌자 눈 깜짝할 사이에 전투는 우리에게 유리해졌다. 나는 곧바로 뒤로 처진 함선을 불러내고, 각종 총통과 불화살로 맹렬히 공격했다.

하늘은 시커먼 구름과 연기로 한 치 앞도 볼 수 없었다. 눈앞에서 번뜩이는 번개처럼 시퍼런 칼날, 어지러운 총포 소리가 산과 들을 뒤흔들고 거센 파도 소리를 집어삼켰다.

나는 힘차게 깃발을 흔들고 북을 치며, 함대를 이끌고 그 거친 바다를 망설임 없이 휘저었다. 왜선 31척이 부서지며 왜병은 마치 모시 베를 짜는 겨릅대 쓰러지듯 했다. 더욱이 왜장 마다시를 붙잡아 그 주검을 돛대 위에 걸자, 왜군들 사기도 바다 밑으로 가라앉았다.

마침내 왜병은 불에 타고 물에 빠져 죽으며 도망치기에 바빴다. 오전 11시쯤 시작된 전투는 오후 2시쯤 끝났다. 이날 우리 조선 수군의 함선 13척은 한 척도 망가지지 않았다. 13척으로 왜선 수백 척을 몰아낸 통쾌한 승리였다.

울돌목의 회오리치는 거센 파도를 이용한 지혜로운 전술, 용감한 조선 수군의 정신력으로 거둔 승리다. 또 나를 "이야."라고 부르며 함께한 백성들의 믿음과 응원 덕분이기도 하다.

전투가 끝나자 해남 우수영과 진도 고군면 백성들은 조선 수군, 왜병을 가리지 않고 주검을 거두어 장례를 치러 주었다. 조선 수군은 진도 고군면 도평리 송우산에 묻고, 왜병들은 진도 고군면 내동리 왜덕산에 묻었다.

또 송우산과 왜덕산의 거리는 5km쯤으로 왜덕산은 울돌목 바다 쪽이며, 송우산은 진도군 고군면 오일시와 도론리 사이에 있다. 이곳 송우산의 '정유재란 순절묘역'에는 명량해전에서 전사한 조선 수군과 두 달 전 남원 전투에서 전사한 진도 출신 병사와 의병들이 묻힌 무덤 250여 기가 있다.

정유재란 순절묘역과 왜덕산

15. 백성들의 어버이가 된 이순신
- 해남 우수영

"할아버지! 뭐 하세요?"

수군재건길을 걷고 우수영의 집으로 돌아온 다음 날 이른 새벽입니다. 뒤뜰에서 둥그스름한 큰 돌을 보고 있던 할아버지가 뒤돌아보니, 세민이와 윤민이가 눈을 둥그렇게 뜨고 있습니다. 마치 할아버지는 어미 제비, 세민이, 윤민이는 새끼 제비 같습니다.

"이 돌이 무엇인지 아느냐?"

방학 때면 할아버지 댁에 왔지만, 처음 보는 돌입니다. 세

우수영 충무사 명량대첩비각

민이, 윤민이는 고개를 가로젓습니다.

"우리 마을에 대대로 내려오는 보물 같은 돌인 들독이다. 지난번 마을 앞 큰 도로를 낼 때 집으로 가져왔다. 옛날 우리 마을 젊은이들은 이 들독을 드는 게 큰 자랑이었다."

세민이, 윤민이는 고개를 갸웃하며 들독 가까이 갔습니다.

"할아버지도 들었어요?"

"하하하! 물론이지!"

들독은 원래 마을의 당산나무 아래에 있었습니다. 한 해가 시작하는 정월 보름날 마을 당제가 끝나면 젊은이들은 들독 들기를 했습니다. 두 팔로 돌을 안아서 어깨 너머로 넘겨야 하기 때문에 아무나 할 수 있는 일이 아니었습니다. 그래서 들독을 넘긴 젊은이는 상으로 황소를 받고, 사람들은 강강술 래로 한바탕 놀았습니다.

"강강술래요? 손잡고 빙글빙글 도는 놀이지요?"

"강강술래는 이순신 장군이 울돌목에서 왜적을 무찌르실 때부터 시작되어, 우리 마을에서도 수백 년을 즐겨 온 놀이 다. 오늘 그 강강술래를 처음 놀았던 곳도 가 보자."

"할아버지! 저는 핏물을 흘렸다는 명량대첩비를 꼭 보고 싶어요."

"물론이지. 오늘은 이곳 우수영에 있는 이순신 장군 유적 지를 모두 돌아보자."

세 사람은 아침 먹고 곧 집을 나서 제일 먼저 명량대첩비 로 갔습니다.

"누나! 나라가 어려울 땐 하늘에 계신 이순신 장군도 슬프 신가 봐."

"그래. 얼마나 슬퍼하시면 명량대첩비가 핏물로 울겠어."

전라우수영

"맞다. 이순신 장군뿐 아니라 모든 백성의 아픔이고 슬픔의 눈물이지. 하지만 이제 힘내자! 그리고 명량대첩의 자랑스러운 우리 조선 수군이 마신 우물로 가자!"

할아버지는 두 손주 말에 끼어들며, 일부러 끝말에 힘을 줘 우렁차게 말했습니다.

"좋습니다, 할아버지! 윤민이도 이순신 장군을 본받아 어떤 어려움도 이겨 내는 사람이 되겠습니다. 결심했습니다."

"야! 내 동생 윤민이, 멋진데! 절대 말리지 않을게. 그런

우수영 조선 수군의 방죽샘

의미로 우리!"

"아자! 아자!"

세민이, 윤민이도 힘찬 소리를 주고받으며, 신나게 수박치기 한 판을 했습니다. 그리고 씩씩하게 우수영 마을의 방죽샘으로 갔습니다.

옛 우수영성은 해안을 따라 돌담과 흙담으로 쌓았습니다. 명량대첩비는 성의 중심지인 동헌 옆에 있고, 돌을 육각형으로 깎아 만든 방죽샘은 성의 남문 쪽에 있습니다.

다음으로 간 곳은 우수영성 북문 쪽 망해산의 망해루입니다. 이곳에서는 마치 용이 폭풍우를 부르고 호랑이가 용을 보고 포효하듯, 세찬 물살이 휘돌아 치는 울돌목과 멀리 서남해의 뭍섬들이 한눈에 보입니다.

마지막으로 간 곳은 울돌목 남쪽 바다를 지키는 강강술래의 터 옥매산입니다. 이순신 장군은 바다 쪽에서 바라보이는 옥매산을 짚으로 엮은 이엉으로 감고, 부녀자들에게 강강술래를 하게 했습니다. 산은 마치 군량미를 쌓아 놓은 것처럼 보였고, 이때 처음 시작한 강강술래는 지금까지 이어지고 있습니다. 세 사람은 옥매산까지 둘러보고 다시 우수영으로 나왔습니다.

"할아버지! 아까 방죽샘 가면서 보니, 유람선 거북선호가 있었어요. 타고 싶어요."

"윤민이도 타고 싶어요."

"아무렴. 이순신길의 마무리는 당연히 거북선이지."

잠시 뒤, 세 사람은 우수영항에서 거북선호를 타고 바다로 나갔습니다.

"할아버지! 저기서 이순신 장군이 우릴 보고 계셔요."

우수영 울돌목을 내려다보는 망해산 망해루

 울돌목 양쪽 두 곳에 이순신 장군 동상이 있습니다. 유람선을 타고 가며 세민이, 윤민이는 두 이순신 장군을 향해 양팔을 크게 흔들며 풀쩍풀쩍 띕니다. 우수영 쪽 이순신 장군은 도포를 입고 지도를 들었습니다. '고뇌하는 이순신 장군상'입니다. 진도 쪽 이순신 장군은 갑옷을 입고 호령하는 모습입니다.

 "할아버지! 이순신 장군은 정말 훌륭하신 분이셔요. 저 동상을 보니 마음이 벅차고 든든해요."

"아무렴! 이순신 장군은 돌아가셨지만, 전쟁의 고통에서 백성들을 지켜 주시고 지금도 우릴 지켜보고 계시니 마치 하느님 같은 분이시다."

두 곳에서 이순신 장군이 지키고 계시니 한없이 마음 든든합니다. 할아버지 말씀처럼 이순신 장군은 정말 하느님 같으시다고, 생각합니다.

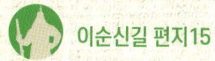
이순신길 편지15

사랑하는 아이들아!

마지막으로 우수영에 있는 명량대첩비에 관한 이야길 해 주마.

그러니까 명량대첩비의 원래 이름은 '통제사 충무이공 명량대첩비(統制使忠武李公鳴梁大捷碑)'다. 이 비의 비명인 '통제사 충무이공 명량대첩비'는 김만중의 글씨고, 명량대첩의 내용을 기록한 비문은 이민서가 짓고, 글씨는 이정영이 썼다. 1688년에 전라우수사 박신주가 해남군 문내면 동외리에 세웠다.

일제 강점기인 1942년, 조선총독부는 자신들이 패배한 기록인 명량대첩비를 없애려고 서울로 가져오라고 해남경찰주재소에 지시했다. 그런데 우수영 사람 그 누구도 따르지 않았다. 그러자 광주에 있던 전남경찰부가 직접 나섰다. 일본 경찰 아베가 인부와 목수를 끌어오고, 심지어 학생들까지 강제로 동원했다. 높이 2.67m, 폭 1.14m의 명량대첩비를 500m쯤 떨어진 우수영 선창으로 끌고 가며 비각마저 헐어 버려 티끌 하나 남기지 않았다.

작업 과정에서 인부 한 사람과 목수 두 사람이 원인 모르게 죽었다. 사람들은 "이순신 장군의 영혼이 노해서 벌을 받은 것이다."라고 했다. 두려움에 떨던 조선총독부는 명량대첩비를 경복궁 근정전 뒤뜰에 묻어 버렸다.

1945년 해방이 되자, 우수영 사람들은 '충무공 유적 복구 기성회'를 만들어 조선총독부가 가져간 명량대첩비를 찾기 위해 백방으로 알아보았다. 그리고 갖은 노력 끝에 근정전 뒤뜰에 파묻힌 것을 알게 되었다. 하지만 다시 찾은 명량대첩비를 해남으로 옮기는 일이 또 큰 어려움이었다.

또다시 여러 곳을 찾아다니던 끝에 어렵사리 미군정청 도움을 받아 서울역까지는 미군 트럭, 목포역까지는 열차, 우수영항까지는 배로 실어 왔다. 또 풍물패를 조직하여, 나주, 무안 등 전남 8개 군을 돌며 돈을 모으고 명량대첩비 탁본을 관공서와 학교에 팔아 비각을 다시 세울 자금을 마련했다.

1950년 마침내 일제가 파괴한 비각을 다시 지어 명량대첩비를 모셨다. 하지만 처음 자리인 동외리에 세우지 못하고 학동리에 세운 점이 두고두고 아쉬움으로 남았는데, 2011년에 처음 세웠던 동외리로 비와 비각을 옮기고, 2017년 5월에는 나의 영정이

우수영 문내면 동외리 충무사 명량대첩비

있는 충무사도 옮겼다.

이 비는 1910년 일제 침략으로 대한제국이 망하던 해에, 그리고 1950년 6·25 전쟁 때, 1980년 5·18 민주화 운동 때도 핏물을 흘렸다. 우리 민족이 큰 아픔을 겪을 때마다 피눈물을 흘렸다. 그럴 때면 사람들이 찾아와 핏물을 닦더구나. 세월이 흘러도 나라의 어려움에 함께하는 사람들 모습은 변함이 없더구나.

내가 쓴 《난중일기》에는 바로 그렇게 왜적이 침입했던 임진왜란 정유재란 때에 나와 함께 왜의 침략을 물리쳤던 손인필, 송희립, 최대성 장군 등 2천여 명의 이름이 있다. 그중 550여 명이 전라남도 사람이다. 수군 재건과 명량대첩은 바로 그들의 힘이었다. 그걸 잊지 않았으면 한다.

사랑하는 아이들아, 이제 이야기를 마치며 부탁한다. 앞으로는 명량대첩비가 피눈물을 흘리지 않았으면 한다. 다시는 그 핏물을 닦는 일이 절대로 없어야 하겠다.

우수영항 울돌목 거북배 유람선

15. 백성들의 어버이가 된 이순신   151

왜 천천히 읽기를 해야 하는가?

'천천히 읽는 책'은 그동안 역사, 과학, 문학, 교육, 지리, 예술, 인물, 여행을 비롯해 다양한 주제와 소재를 다양한 방식으로 펴냈습니다. 왜 천천히 읽자고 하는지 궁금해하는 독자들이 있어서 몇 가지를 밝혀 둡니다.

- '천천히 읽는 책'은 말 그대로 독서 운동에서 '천천히 읽기'를 살리자는 마음을 담았습니다. 천천히 읽기는 '천천히 넓고 깊게 생각하면서 길게 읽자'는 독서 운동입니다.

- 독서 초기에는 쉽고 가벼운 책을 재미있게 읽을 수 있는 방법으로 시작해야겠지요. 그러나 독서에 계속 취미를 붙이기 위해서는 그 단계를 넘어서 책을 깊이 있게 긴 숨으로 읽는 즐거움을 느낄 수 있어야 합니다. 그래야 문해력이 발달합니다.

- 문해력이 발달하는 인지 발달 단계는 대체로 10세에서 15세 사이에 시작합니다. 음식을 천천히 씹으면서 맛을 음미하듯이 조금 어려운 책을 천천히 되씹어 읽으면서 지식을 넘어 새로운 지혜를 깨달을 수 있습니다.

- 독서 방법에는 다독, 정독, 심독이 있습니다. 천천히 읽기는 정독과 심독에서 꼭 필요한 독서 방법입니다. 빨리 많이 읽기는 지식을 엉성하게 쌓아 두기에 그칩니다. 지식을 내 것으로 소화하기 위해서는 정독이 필요하고, 지식을 넘어 지혜로 만들기 위해서는 심독이 필요합니다.

- 어린이들한테는 쉽고 가볍고 알록달록한 책만 주어야 한다고 생각하는 어른들이 있습니다. 그러나 독서력이 높은 아이들은 어렵고 딱딱한 책도 독서력이 낮은 어른들보다 잘 읽습니다. 그런 기쁨을 충족하지 못할 때 반대로 문해력도 발달하지 못하면서 책과 멀어지게 됩니다.

'천천히 읽는 책'은 독서력을 어느 정도 갖춘 10세 이상 어린이부터 청소년과 어른까지 읽는 책들입니다. 어린이, 청소년과 어른들(교사와 학부모)이 함께 천천히 읽으면서 이야기를 나눌 수 있는 읽기 자료가 되기를 바라는 마음에서 만들고 있습니다.